2023年度广西高等教育本科教学改革工程项目——新文科背景下地方高校面向乡村振兴外语教学“一核双驱三化”改革创新与实践研究（项目批准号：2023JGA293）的研究成果。

高校英语教学实践与创新研究

吕晶晶◎著

文化发展出版社
Cultural Development Press
·北京·

图书在版编目（CIP）数据

高校英语教学实践与创新研究 / 吕晶晶著 . — 北京 :
文化发展出版社 , 2023.12
ISBN 978-7-5142-4248-5

Ⅰ . ①高… Ⅱ . ①吕… Ⅲ . ①英语－教学研究－高等
学校 Ⅳ . ① H319.3

中国国家版本馆 CIP 数据核字 (2024) 第 024769 号

高校英语教学实践与创新研究

著　　者　吕晶晶
主　　审　郭　明

出 版 人：武　赫
责任编辑：任秀颖　　　　　责任校对：岳智勇
责任印制：邓辉明　　　　　封面设计：沈　莹
出版发行：文化发展出版社（北京市翠微路 2 号 邮编：100036）
发行电话：010-88275993　010-88275711
网　　址：www.wenhuafazhan.com
经　　销：全国新华书店
印　　刷：天津和萱印刷有限公司

开　　本：710mm × 1000mm　1/16
字　　数：210 千字
印　　张：10.25
版　　次：2025 年 1 月第 1 版
印　　次：2025 年 1 月第 1 次印刷

定　　价：72.00 元
I S B N：978-7-5142-4248-5

◆ **如有印装质量问题，请与我社印制部联系　电话：010-88275720**

前　言

随着经济全球化的深入发展，各个国家之间的合作与交流活动日益密切，英语成为国际沟通的一门重要语言，英语的学习越来越受到重视。社会生活的信息化也使英语的重要性变得日益突出。英语作为最重要的信息载体之一，已成为人类生活各个领域中使用最广泛的语言。许多国家在基础教育发展战略中，都把英语教育作为公民素质教育的重要组成部分，并将其摆在突出的地位。改革开放四十多年来，我国的英语教育规模不断扩大，教育教学取得了显著的成就。英语课程改革的重点就是要改变英语课程过分重视语法和词汇知识的讲解与传授，而忽视对学生实际语言运用能力的培养的倾向，强调课程从学生的学习兴趣、生活经验和认知水平出发，倡导体验、实践、参与、合作与交流的学习方式和任务型的教学模式，发展学生的综合语言运用能力，使语言学习的过程成为学生形成积极的情感态度、主动思维和大胆实践、提高跨文化意识和形成自主学习能力的过程。诚然，新课改的步伐在逐步地深化，也一直在呼吁教学的改革，但就目前英语的教学现状而言，其教学改革之路走得并不顺利，究其根本，就是很多人对教学改革创新的认识不够，因此对英语课堂教学方法创新的必要性进行研究以深化教师对教学改革的认识，从而有效推动课堂教学改革的进行，是十分有必要的。

本书第一章为英语教学概述，分别介绍了英语教学现状及其影响、英语教学的理论与原则、英语教学的要求和英语教学方法四个方面的内容；第二章为英语教学基础与模式，分别介绍了英语教学大纲、教材与课堂，英语教学模式理论和英语教学模式的实践三个方面的内容；第三章为英语教学内容，分别介绍了英语词汇教学、英语语法教学、英语听力教学、英语口语教学和英语阅读教学五个方面的内容；第四章为英语教学思维创新，分别介绍了多元文化思维下的英语教学、跨文化交际思维下的英语教学和批判性思维下的英语教学三个方面的内容；第五章为英语教学方式创新，分别从英语教学中的思维导图、互联网背景下的高校英语教学和微时代背景下的英语教学三个方面进行介绍。

在撰写本书的过程中，作者参考了大量的学术文献，得到了许多专家、学者的帮助，在此表示真诚的感谢。本书内容系统全面，论述条理清晰、深入浅出，但由于作者水平有限，书中难免有疏漏之处，希望广大同行及时指正。

吕晶晶

2023 年 7 月

目录

第一章　英语教学概述

本章为英语教学概述。本章对高校的英语教学做了基本的讲解与探讨，旨在帮助读者了解最基本的英语教学。本章包括四个部分，分别从英语教学现状及其影响、英语教学的理论与原则、英语教学的要求和英语教学方法四个方面对英语教学进行介绍。

第一节　英语教学现状及其影响

一、英语教学现状

（一）教学模式单一化

在传统教学观念下，英语教学多是教师的独角戏，学生就像是观众或者是听众，很少进行实际的语言交流和回复。这种单向的教学模式在客观上剥夺了学生使用语言的机会，也不利于学生创造性思维的培养，长此以往，既助长了学生的惰性，同时也使得学生产生了强烈的依赖心理，学生自主学习的习惯也就无从谈起了。因此，各学校应充分利用现代信息技术，改进以教师讲授为主的单一教学模式。

（二）教材选用不合理

英语教材的编写和选用依据教材建设规划及学科专业或课程教学标准服务教育教学改革和人才培养。但是，从整体来看我国各阶段的英语教材并不能完全满足学生的学习要求，甚至从某种程度上影响了学生学习能力的发展和教师的授课效果。

英语教材是英语教师进行教学的前提，是不可以缺少的“一只手”，除了对教师的教学质量产生一定的影响外，还影响了学生英语综合应用能力的培养。

教材的编写须依据教学计划、课程标准等要求，这样就造成了教材的一些局限性。学生在大学阶段和中学阶段需要掌握的内容具有一定的重复性，这会使学生产生一种消极情绪，不利于学生英语综合应用能力的培养。

此外，部分英语教材内容多倾向于文学，实用性不高，学生在实际生活中应用到的机会较少。有些英语教材内容陈旧、缺乏特色、修订不及时。随着时代的发展、社会的进步，一些与时代发展和课程标准等要求接轨的新型教材开始进入大家的视野。但是，这些教材也存在难度不当、内容没有针对性、设置不合理等问题。因此，学校应优先选用国家级和省级规划教材、精品教材及获得省部级以上奖励的优秀教材。

（三）文化意识不同步

一般来说，目前我国英语教学注重的还是学生的成绩，较少关注英语中有关文化方面的内容，这就导致了学生文化意识与英语学习的不同步。如果对引起这一现状的原因进行挖掘和总结的话，可以概括为以下三个方面：

第一,一些英语教师受传统教学方式的影响，仍将教学重点放在学生是否掌握了正确的语言形式上，而不是去关注提高文化意识和正确使用语言。这是因为有些教师觉得课堂时间少而宝贵，而文化教学是一种花费时间、精力的教学，且短时间内难以产生明显效果，所以，不应该将有限的课堂教学时间用在繁重的文化教学上。此外，还有一些英语教师对英语教学的理解比较狭隘，认为只要学生掌握了单词、语法知识就等于学好了英语，没必要学习文化知识。

第二，对一些教师来说，英语是一种外来语言。在我国，只有极少数英语教师有过在英国、澳大利亚、新西兰等国家的留学经历，英语教师的文化意识普遍不高，难以满足学生的学习要求。

第三，对于英语教师来说，他们自身的教学任务也是比较多的，并没有太多的时间和精力去开展有关文化方面的教学研究。

（四）教学地位的倒置

我国传统的教学活动将教师放在了主要位置，忽视了学生的主体作用。目前，一些教师依旧采用教师讲、学生听的教学模式。在教学过程中，教师的讲授占用了大部分时间，学生几乎没有时间参与其中并对所学内容提出问题，扮演的就是一个被动的听众角色，只能消极地对教师传授的知识进行接收，这不符合我国英语教学要求。在英语教学中，应该集中精力发展学生的学，而不是本末倒置地将重点放在教师的教上，应引导学生掌握学习的主动权，积极主动地去学习。

（五）教学目标的偏离

培养学生的英语综合能力是我国英语教学的主要目标，但因为一些因素的影响，产生了偏差。例如，由于社会上一些用人单位将大学英语四、六级考试证书作为应聘条件之一，一些高校将大学英语四、六级考试放到了重要的位置，并且将大学英语四、六级考试通过率作为英语教学的评价标准之一，这在一定程度上使大学英语教学目标偏离了原来的主题。大学英语教师为了提高大学英语四、六级考试的通过率，不得不在课堂上花费大量的时间进行词汇和语法的讲授，而学生则是运用题海战术进行知识的巩固。如此一来，学生的考试能力得到了提高，但其英语综合应用能力，尤其是听、说能力，难以得到提高。

二、英语教学的影响

（一）对教师的影响

一名普通的英语教师每周的教课时长一般都较长，除了教学任务，他们还需要完成科研任务和社会服务任务，从而导致他们没有足够的时间花在自我提升上，难以提高自己的授课水平。这些对英语教师来说都是非常不利的。

另外，当学校出现英语教师力量不足的情况时，就会降低对英语教师所具备的知识能力和素质的要求，这就使得各英语教师的教学水平参差不齐。

教师作为教学的主体，在教学中的作用不可忽视。教师专业素质的高低直接影响学生学习效率的高低。教师必须具备扎实的英语理论知识和宽广的知识面，具备良好的英语综合运用能力和较强的英语表达能力。教师不仅是知识的传播者，也是学生知识的主要来源，还是教学活动的组织者和管理者。教师要对学生的学习活动进行有效的组织、计划和协调，选择丰富的教学内容，设计出精良的教学活动。在教学过程中，教师需要灵活运用不同的教学方法和手段，积极调整教学策略，创造良好的学习氛围和学习环境，培养学生优良的学习习惯，促进学生全面提高学习能力。教师还要及时了解学生需求，并根据实际情况不断反思教学，教给学生语言学习的规律和方法，善于启发学生，培养学生的自学能力和主动获取知识的能力，监控学生学习过程，督促学生自主学习。教师还要具备较高且全面的文化素质。教师的文化素质对英语教学意义重大，只有教师具有较高且全面的文化素质，才能将文化知识渗透到教学活动中，使学生在语言学习的同时了解各个国家的不同文化，并逐渐形成跨文化交流的意识。

教师的心理素质也是影响英语教学的重要因素之一。作为一名合格的英语教师，既要活泼热情、风趣幽默，同时又要沉着冷静。总之，教师要具有良好的心理素质。

（二）对学生的影响

众所周知，语言的外在表现意义是通过表达功能和表达形式这两个方面来体现的。目前，我国英语教学侧重对语言表达形式方面的培养，而相对减弱了对语言功能方面的训练。例如，虽然我国大学英语教学是在九年义务教育以及高中教育的基础上，帮助学生进一步学习英语基础知识，培养学生的听、说、读、写等语言技能，但是大部分学生在实际学习中使用英语的机会并不是很多，听说能力较弱。以下是影响学生能力不平衡的因素：

首先，大学英语四、六级考试的影响。教育部主办的全国性的大学英语四、六级考试，目的在于客观地评估大学生英语水平，为大学英语教学提供评估服务。大学英语四、六级考试是一项大规模标准化考试，是一个“标准关联的常模参照测验”。许多学生为了通过大学英语四、六级考试，注重提高自己的读、写能力，在一定程度上忽视了听、说能力的提高，进而影响到英语综合应用能力的提高。

第二，记忆式学习方式的影响。我国大学阶段的英语教学一直将学生对基础知识的积累放在重要位置，往往忽略了对学生利用所学知识进行日常交际和交流的训练和培养。

第三，社会环境的影响。对我国学生而言，英语是一种外来语言，学生们在日常生活中主要使用汉语进行交流，这也影响学生英语听、说能力的提高。

对于英语教学，有些教师存在一个盲区，那就是忽视了学生学习语言兴趣的培养。在这样的背景下，学生学习英语的主动性、积极性自然不高。

第二节　英语教学的理论与原则

一、语言教学基础理论

（一）语言本质理论

关于语言本质理论，不同的学者从不同的角度对其进行了分析和探讨，并且提出了不同的观点。下面从转换生成语法理论、言语行为理论两大理论出发做重点论述。

1. 转换生成语法理论

20 世纪 50 年代，艾弗拉姆·诺姆·乔姆斯基（Avram Noam Chomsky）提出转换生成语法，对语言学进行了深层次的研究，尤其是对句法结构的研究。乔姆斯基认为语言是人类特有的一种先天机制，他认为不仅应该研究语言行为，还应该研究语言能力，转换生成语法就是关于语言能力的理论。① 在转换生成语法中，转换是句子派生过程中某一个特定阶段必须使用的手段。在使用中，深层结构属于输入手段，表层结构属于输出手段，而且具备相同深层结构的句子关系非常密切。总体来说，转换生成语法具备化简单为复杂化复杂为简单的双重能力，教师与学生可以借鉴这一理论，从而推进教师的教与学生的学。

2. 言语行为理论

在语用学研究中，言语行为理论是其核心理论之一，尤其是奥斯汀（Austin）与约翰·塞尔（John Searle）的研究，对言语行为理论的形成与发展意义重大。② 在奥斯汀之前的实证哲学家都认为，句子只能用于对某种情况、某种事实的描述与陈述，只适用于正确或错误的价值。但是言语行为理论明确指出话语在现实中有着行事的能力，其不仅强调发话人的主体作用，也强调受话人的反应，因此其在大学英语教学中有着重要意义。对于教师而言，言语行为理论的核心在于以言行事或以言成事，强调的是语言应该用于具体的实践中，语言研究的重点应该在语言运用上，而不应该在语言形式或句法关系上。这一理论为大学英语教学注入了新活力，给予了教师一些教育方法方面的启示。

（二）语言学习理论

教学策略与手段的诞生都离不开语言学习理论的指导。也就是说，教师对语言学习理论的认识直接影响着教学策略与手段的形成与选择。下面就对如下几种语言学习理论展开具体分析与论述。

1. 二语习得理论

二语习得理论形成于 20 世纪六七十年代，主要对二语习得的过程与本质进行研究，描述学生如何对第二语言进行获取与解释。对于这一理论的研究，学者

---

① 王伟．试论乔姆斯基的转换生成语法理论及其现实意义 [J]. 辽宁教育学院学报，1995（2）：76—79.

② 郑荣．浅谈国内外言语行为理论下的语用研究状况 [J]. 海外英语，2022（7）：82—83.

斯蒂芬·克拉申（Stephen Krashen）做出了巨大贡献，并提出了五大假说，即语言习得与学习假说、自然顺序假说、监控假说、语言输入假说和情感过滤假说。[①] 二语习得理论与大学英语教学都涉及新语言的产生与该语言能力发展中的一系列问题，因此二语习得理论与大学英语教学有着相通之处。二语习得理论的应用可以指导大学英语教学并帮助教师改进教学方法以提升教学水平。

2. 人本主义学习理论

人本主义心理学是在批判行为主义心理学和精神分析心理学的基础上发展起来的，被称作心理学的“第三种势力”。它兴起于20世纪60年代，代表人物有美国心理学家亚伯拉罕·马斯洛（Abraham Maslow）和卡尔·罗杰斯（Carl Rogers）。人本主义学习理论注重人的独特性、自由、理性、发展潜能，认为人的行为主要受自我意识的支配，要想充分了解人的行为，就必须先认识到人们都有一种指向个人成长的基本需要。英语教育本身具有特殊性，教师要始终以学生为中心，贯彻人本主义思想。正如罗杰斯所说，促进学生学习的关键并不在于教师的专业知识、教学技巧等，而在于教师与学生之间特定的心理气氛因素。[②]

二、英语教学原则

英语教学的原则主要包括三个方面的内容，分别是交际性原则、以学生为中心原则、兴趣性原则。

（一）交际性原则

语言是交际的工具，人们学习语言的最终目的是交际。在英语教学的过程中，教师要认真贯彻交际性原则，使学生将学到的英语知识运用到交际实践中，从而提高学生的交际能力。要想达到这一目的，英语教师在日常的教学中需从认识课程本质、设计情境、精讲多练三个方面着手。

1. 认识课程本质

英语既是一门知识课程，又是一门技能培养型课程，对于学生而言，技能的培养更为重要。让学生能够在今后的学习、工作和社会交往中使用英语进行有效

① 张玉红．基于二语习得理论的大学英语学习策略研究[J]. 江西电力职业技术学院学报，2022，35（9）：148—150.

② 林立，王之江．人本主义学习活动在英语教学中的应用[M]. 北京：首都师范大学出版社，2005.

的交流沟通，就是大学英语的教学目标。因此，教师必须认清英语这门课程的本质，从而对学生进行有针对性的教育，进而提高学生的英语交际技能。

2. 设计情境

交际需要在一定的语言环境中进行，交际性原则要求为学生的英语交际创造适当的情境。情境应与学生的生活实际紧密相连，以激发学生的学习兴趣，进而为学生英语学习能力的提高提供有力的帮助。

3. 精讲多练

教学活动主要由两部分构成：一是教师的教；二是学生的学。高校学生往往已经具备了一定的英语知识，因此，教师在教的过程中要进行有针对性的教学。此外，教师还要指导学生进行必要的实践，使学生在实践过程中逐步提高英语交际能力。

（二）以学生为中心原则

学生是教学活动的主体。在教学过程中，只有坚持学生的主体地位，才能更好地激发学生的学习兴趣，从而提高教学质量。英语教学中所强调的以学生为中心原则，主要指在教学过程中，教师要从学生的实际情况出发，设计、组织英语教学活动，从而提高学生的英语学习能力和交际能力。要做到以学生为中心，教师需要从三个方面着手：教材分析、备课、教学方法和教学手段。

1. 教材分析

英语教师要认真地分析教材，在充分理解与把握教材内容的基础上，根据自身的教学经验和学生的实际情况，确定学生的学习目标与学习任务。

2. 备课

备课是教学活动的重要组成部分，只有备好课，才能上好课。具体来说，教师在备课过程中，要考虑到学生的学习水平、接受能力、学习态度等，并以此来设计教学实践活动，从而提高教学效率和质量。

3. 教学方法和教学手段

不同的教学方法和教学手段具有不同的作用。在英语教学过程中，教师可采取适当的教学方法与教学手段，为学生的英语学习提供有力的支持。英语教学中常用的教学方法和教学手段有讲授法、讨论法、直观演示法、练习法、任务驱动法等。

（三）兴趣性原则

兴趣是最好的老师。鉴于此，在英语教学中，教师要遵循兴趣性原则，激发和培养学生学习英语的兴趣。为了有效激发和培养学生的学习兴趣，教师要注意以下三点：尊重和了解学生、防止死记硬背、增强师生交流。

1. 尊重和了解学生

整个教学活动的重要参与者是学生，因为他们是学习活动的主体。因此，在英语教学中，教师应该关注并了解学生的兴趣爱好及学习心理，并予以尊重，根据学生的需求合理组织教学活动，以充分发挥学生的主体作用，激发学生的学习兴趣。

2. 防止死记硬背

在英语教学中，教师应避免采取死记硬背的教学方法，在合理设计教学活动的基础上，尽量为学生创设真实的情境，使学生提高英语综合应用能力。

3. 增强师生交流

增强师生交流也是兴趣性原则的重要内容。相关实践表明，学生对课程的喜爱程度与教师的个人魅力有着密切的关系。富有学识、性格开朗的教师往往受学生们的喜爱，学生也会因为教师的缘故而喜欢其所教授的课程。所以，教师在英语教学活动中要增进与学生的交流，在尊重、了解学生的基础上，建立良好的师生关系，以激发学生学习英语的热情，增强他们的学习动力和自主性。

第三节　英语教学的要求

我国各地区学校的英语教学存在较大的差异，因此，在教学中需要考虑个性化教学的需求，采取分类指导和因材施教的方式进行教学。就高校英语教学而言，更要认真分析并探讨英语教学所需的必要条件。

大学阶段的英语教学分为普通要求、较高要求和优秀要求三个层次，普通要求是高校非英语专业本科毕业生应达到的基本要求。学校所选择的标准，取决于其办学定位、类型和人才培养目标，进而会确定较高或更高的要求。各大学应量身定制教学目标，并提供支持措施，以使那些英语功底较好、有一定潜力的学生实现更高的学习目标。

一、听力理解能力

普通要求要求学生要具备的能力：可以理解英语授课的内容，可以理解日常英语会话和一般性主题演讲，理解语速较慢（每分钟 130—150 词）的英语广播和电视节目，能够掌握中心大意并提取关键信息，以及具备基本的听力技巧。

较高要求要求学生要具备的能力：可以理解英语对话和演讲，可以理解题材相近、较长的英语广播和电视节目（播报速度为每分钟 150—180 个单词)。能够把握核心内涵，抓住重点和相关细节；能够理解用英语教授的专业课程的基本内容。

优秀要求要求学生要具备的能力：能够理解英语国家的广播电视节目，掌握其主旨和重点内容。具备听懂以英语为母语的人正常语速所说的对话的能力；具备理解专业课程和讲座中使用英语进行授课的能力。

二、口语表达能力

普通要求要求学生要具备的能力：可以使用英语进行学习和交流，能够与他人就某一话题展开讨论，也能用英语进行日常交流。能够事先准备并作出简述熟知话题的发言，语言表达较为清晰，口音和语调也趋近准确。在交流中，能够使用基本的对话技巧。

较高要求要求学生要具备的能力：能在常见话题上进行自如的英语对话。可以表达个人的见解、情感、立场等。可以准确陈述事实、理由和事件描述，表达清晰明了，语音语调基本得当。

优秀要求要求学生要具备的能力：能够具备娴熟运用语言的能力，能够毫不费力地进行一般或专业性方面的对话或讨论。能够简要地概括篇幅较长、语言难度较高的文本或演讲，同时在国际会议和专业交流中能够参与讨论。

三、阅读理解能力

普通要求要求学生要具备的能力：能够理解一般性主题的英文文章，每分钟阅读速度可达 70 个单词。当阅读一篇较为容易的长文时，可以达到每分钟阅读 100 个单词的速度。可以采用快速浏览和详细阅读技巧掌握阅读材料。可以利用字典阅读本专业的英语材料和相关英文报刊文章，了解其主旨和相关细节。可以阅读常见的应用文体素材，包括工作和生活方面的。能够运用有效的阅读技巧来提高阅读效率。

较高要求要求学生要具备的能力：有基本的英语阅读能力，可以阅读英语国家大众性报刊上一般性题材的文章，每分钟可以阅读 70—90 个单词。当读取中等难度且篇幅较长的材料时，能够保持阅读速度在每分钟 120 个单词左右。具备阅读并正确理解所学专业综述性文章的能力，包括把握核心观点、关键事实和相关细节。

优秀要求要求学生要具备的能力：能够理解一定难度的文章，把握其核心思想和细节内容；能够阅读国外的英文报纸和杂志文章；能够流畅地阅读与专业相关的英文文献和资料。

四、书面表达能力

普通要求要求学生要具备的能力：可以完成写作任务；可以把个人经历、观感、情感和发生的事件描述出来；可以完成应用文的写作；可以根据一般性话题或提纲写出内容完整、具有中心思想、意思连贯通顺的短文，并且是在半小时内完成，不少于 120 词；具备基本的写作技能。

较高要求要求学生要具备的能力：会在一般性的主题下表达自己的看法；会使用英语来撰写自己专业论文的内容摘要；会使用英语写小论文；能使用英语描述各种图片表格的内容；能够完成内容充实、主题明确、逻辑通顺的不少于 160 词的短文。

优秀要求要求学生要具备的能力：可以使用英语撰写针对所学专业的简短报告和论文。能够以较为娴熟的书面表达方式表达个人观点。能够在 30 分钟之内完成一篇说明文或者议论文，不少于 200 词，思路清晰，内容丰富详细，并且文章结构清晰，逻辑性强。

五、翻译能力

普通要求要求学生要具备的能力：可以利用字典翻译具备题材知识的文章，英汉互译速度约为每小时 300 个英语单词和 250 个汉字，翻译内容准确无误，没有严重的理解和语言表达错误。

较高要求要求学生要具备的能力：可以摘抄翻译本专业的英语文献资料；可以在每小时 350 个英语单词的速度下，翻译英语国家大众性报刊上题材熟悉的文章，做到翻译通顺，意思准确，错误较少；可以使用恰当的翻译技巧。

优秀要求要求学生要具备的能力：通过使用词典等学习工具，可以翻译文章，诸如与自己所学专业相关的内容或是登载在英语国家报刊上的一些文章；带有中国国情或文化内容的文章能够流畅翻译；达到快速翻译的能力，如英译汉的速度为每小时 400 个单词，汉译英的速度为每小时 350 个汉字；翻译的内容要准确、通顺、逻辑恰当，错误少。

六、词汇量

普通要求要求学生要具备的能力：要求学生能够在口头和书面表达方面熟练运用4780个单词和700个词组（包括中学应掌握的词汇），其中有2000个单词为积极词汇，还需要学生在认知的基础上进行掌握。

较高要求要求学生要具备的能力：要达到应有的掌握水平，需要学会6380个单词和1200个词组，这包括中学及一般要求中必须要掌握的词汇。这些词汇中，约2200个属于积极的词汇，这些词汇会对我们的心情产生积极的影响。

优秀要求要求学生要具备的能力：要熟练掌握中学、一般和较高要求的词汇，需掌握约7670个单词和1870个词组。这些词汇中包含2360个积极词汇，符合一般和较高要求的掌握水平。请注意，这并不包括专业词汇。

第四节　英语教学方法

一、直接法

使用纯英语进行教学的方法被称作直接法，其主要特点有：第一，只使用英语进行教学；第二，通过言语、行为、物体等方式将要表达的意思与所处的环境相结合表达出来；第三，先传授口头表达，然后教授阅读和书写；第四，采用归纳法对语法进行讲授。

直接法的提倡者认为口语比书面语更加重要，所以，他们建议学生要学会使用所学的目标语来进行日常生活的表达。学习英语的过程可以用联想的方式进行，比如，可以将英语教学与不同环境中的实际物品、人员、街道等相结合，这种方式和学习母语语言的时候很相似。

直接法的教学目标是帮助学生有效地掌握英语交流技能。综合来看，英语的听、说、读、写能力同样重要。不过，当初学者学习时，应优先培养口语交际技巧，以使学生熟悉英语思维，掌握表达自己意思的技巧，并摆脱母语思考对学习的干扰。“直接法”之所以得名是因为它强调在英语教学中直接将单词的意思与其所代表的事物联系在一起。这种联系是无需借助翻译作为中介的直接沟通方式。在初学阶段，直接法旨在帮助学生提高口语交际能力，以便能熟练运用英语进行日常交流。因此，直接法课堂的教学活动呈现出三个显著的特点：第一，教师要全程使用英语进行授课，并结合实际物品、图画、手势等方式对教学内容进行讲解。第二，主要的教学活动形式是模仿、朗读和问答。这样的教学方式有以下几个优点，比如可以帮助学生改善发音和语调，同时也有助于培养他们口头表达的能力。由于直接法注重综合提升听、说、读、写四项技能，因此在注重听说技能的培养之余，也需从一开始就注重阅读和写作的训练。第三，教师要求学生在提问或回答教师问题时使用完整的句子表达，因为句子是口语交流的基本单位。

在直接法的课堂里，虽然听、说、读、写的训练一开始就已出现，但是口语被视为基础，特别是在入门阶段，教师的工作重点是培养学生的口头交际能力。口语练习的材料被用来设计阅读和写作的练习。因为重视口语表达的能力，教师一直在帮助学生练习正确的发音，同时也在努力扩充学生的词汇量。然而，有时候对于语法规则的解释可能被忽略。

直接从事教材编写的学者强调使用通俗易懂的语言，同时在教材中增加常用口语，以便学生能够将所学知识应用到实际生活中，达到真正的学以致用。然而，编写以情境或话题为背景的教材则需要采用直接方法来制定课程标准。

虽然在直接法的课堂里还是教师主导所有的教学活动，但学生要比在语法翻译法的课堂中主动得多。教师和学生之间建立了一种互助合作的关系，他们可以互相探究和相互学习，共同达成学习目标。此外，同学们也可以互相交流，一起探讨问题。

二、听说法

听说法把语言看作一个由音素、词素、单词、结构和句型组成的系统。在语言学习理论方面，听说法是建立在行为主义学习理论的基础之上的。根据行为主义的语言行为学习理论，在获得语言技能时，人必须经历“刺激—反应—强化”的过程。教师的用语能够引导学生做出正确反应，提高学生掌握语言技能的效率。在英语教学过程中，教师应培养学生语言学习的习惯。

英语教师使用听说法，旨在发展学生的英语口语交际技能。要掌握英语，就需要改变自己的习惯，适应英语的语言规则和表达方式。若想养成新的语言习惯，则需注重大量的听说练习。通过模仿、记忆和表述的方式，逐渐熟悉各种语言结构，涵盖语音、语法以及词汇结构。学生只有克服母语的旧习惯对英语新习惯的干扰，才能正确、自由地使用英语。

听说法非常重视口语的教学，听说法的课堂教学，应该从对话开始。因此，对话是听说法课堂的主要活动。听说法教学活动可以总结为以下四步：教授对话，听说领先；跟读模仿，句句复述；强化操练，掌握句型；巩固口头，读写跟上。

在授课过程中，教师可以运用各种表演技巧以增强教学效果。接着，教师会让学生逐句模仿跟读。模仿和跟读多次后，教师和学生之间可以采用多种表演形式来展示对话。例如，教师可以扮演其中一方，全体学生则扮演另一方；也可以将学生分成两组，一组扮演一个角色，另一组扮演另一个角色。可以采用多种形式来展示这些表演。无论是通过模拟表演还是积极参与对话，其主要目的在于协助学生提高流利背诵对话的能力。

此后，教师会选取对话中的一些句式来进行句式练习。句型练习是听说法中的一项非常独特的训练活动。教师可以先给出一个例句，供学生替换词或转换句型，不改变句意。例如："I' m going to the post office."。然后，利用多媒体向学生展示一张银行的图像，说"I' m going to the bank."；接着，可以向学生展示不同的图像，如药店、公园、餐馆，训练学生说出"I'm going to the drug store/ park/ restaurant..."。针对句型转换练习，教师可以提供肯定句，让学生转换成疑问句或否定句，这样学生的练习就更具灵活性了。教师可以说两个句子，以训练学生将它们结合成一个复合句，例如定语从句或状语从句，但不改变句意。教师可以提供一个情境和例句，引导学生使用特定的句型表达该情境（例如，使用倒装句、感叹句等）。句型操练是一种有效的训练方式，通过它可以帮助学生掌握各种句型和句子结构。在进行模仿跟读和句型操练时，教师要称赞那些能够读得好、做得正确的学生，鼓励他们继续努力学习。这些鼓励包括"good"或"very good"，目的在于激发学生的学习热情，促进他们良好学习习惯的养成。

在听说法的观念中，口语优先于文字，其次才是书写。通过有效的口语练习和倾听训练，可以帮助学生提高阅读和写作能力。因此，听说法非常注重培养听力和口语能力，因此，课堂上大部分时间都用于训练听和说。教师非常注重学生的发音和语调，并且有些教师会利用语言实验室来训练学生，以便他们能够流利地掌握正确的发音和语调。

听说法教材的编写有两个较明显的特点：根据结构大纲来编写，根据不同母语背景的学生特点来编写。

教学大纲详细描述了语言的发音、语法和词汇等方面的内容。通常，教材的制作都是依据从简单到复杂的递进方式进行组织的。因而，在重视口语交流的教材中，我们能够发现针对语音、语法和词汇的训练内容，如发音技巧、语法结构的练习和词汇的学习。然而，支持听说法的学者认为语言的内涵首先在于言语，而言语应该通过句型训练来学习结构。因此，句型训练是其中核心且最重要的项目。

在教学领域中，教师不仅是学生的表率，还担负着课堂活动的主持人的角色。学生常常模仿教师的发音和语调。在课堂上的各项活动，包括对话教学和句型操练等，都由教师指导。教师有能力调节练习的进度，而且能够激励那些成绩出色的学生去发现并帮助同学纠正错误。教师可以运用口语表达方式来掌控教学过程，以达成教学目标。

听说课堂上，学生的母语习惯被认为是学习英语新习惯的障碍，因此，教师通常不使用母语，而将英语作为主要授课语言。

三、交际法

根据交际法的语言观，语言被认为是一种传达意义的系统，主要目的是用于社交交流，因此社交语言学的研究不仅局限于分析语言形式，而应着重探讨语言交流的社会功能及语言受人际交往因素制约的情况。因此，第二语言教学不仅应着眼于学生掌握语法规则和正确使用语言，而且更应重视让学生掌握语言使用的规范和运用方法。

教授交际法旨在提升学生的英语交流能力。语言学习者不仅需要对语法规则有深入的理解并能够创造符合规则的句子，还需要掌握正确使用语言的技巧，例如基于不同的对象和场合选择适当的语言，以及能够灵活地运用所学的语言知识。要达成这个目标，学生需要认识到语言的形式、意义和功能，并且学会运用正确的语言形式来表达自己的思想。

准交际活动旨在为学生做好英语交际的准备工作，这些活动包括句型操练、对话等，它们并非真正的交际活动，而是教学中的一种手段，旨在帮助学生掌握英语句型和结构，从而能够进行真实的英语交际。若有人在英语交流中出现语言错误，则交流会变得尴尬。

学者们研究交际法时总结了交际活动的三个特点。第一，传递信息。第二，有选择的，可自由选择的。第三，回应信息。在设计教学活动时，教师需要考虑这三个特点。同时，交际法教学还强调使用真实材料进行教学，这些材料来源广泛，包括外文报纸、杂志，外国的电台、电视剧或电影等。

在交际学领域中，大家更注重语言的功能而不是语言的结构。一般而言，交际法的教材是以功能为基础进行组织的。我们需要按照逐步深入的方式来介绍同一功能但结构不同的语言，先从简单的开始，逐渐引入更复杂的语言结构。

交际法的教材设计可以分为不同类型，其中包括功能导向型、结构与功能相结合型、功能与结构相结合型及题材导向型等。如果教材只是为了功能而创作，可能会因为缺乏语言形式而导致语言结构不够有机；相反，如果教材注重结构和功能的均衡，就可以使语言更加系统化。这本教材注重功能和结构，考虑到功能的需求和整体性，但在语言结构方面存在不足。在编写教材时，结合题材和语言形式的系统安排与功能项目的合理安排可以是一个很好的设计形式。

在交际法的范畴内，教师扮演的角色具有多重作用。作为组织者，教师要负责规划和组织所有的教学活动。教师在教学中担任顾问的职责，不仅要解答学生的疑惑，还要关注学生的表现。除了担任教师角色外，他还需要与学生进行英语交流。教师的使命是让学习变得更加轻松、吸引人。以这种视角来看，教师也扮演着方便学生学习的角色。学生主要是以交际者的身份参与到学习过程中。

四、情境法

情境法的影响力较大，现在许多学校仍在使用按它的原则编写出来的教科书、工具书。虽然情境法和听说法的理论基础是一样的，但两者的特点却是迥异的，情境法更加强调语言在情境中的应用。

情境法的语言观是建立在英国结构主义基础上的。情境法认为，学生应在情境中通过口头练习来不断学习和巩固自身的语言结构。

教师在英语教学中采用情境法，旨在帮助学生全面掌握听、说、读、写四大语言基本技能。学生要想掌握这四种基本的语言能力，就要掌握语言结构，而要想掌握语言结构，就要进行大量口语训练。

情境法的教学活动过程可以概括为：提出情境，学习语言；听说领先，反复操练；书面练习，巩固结构。

教师会先让学生通过观察课本中的情境插图，引导他们了解即将学习的主题。借此，学生可以锻炼听力能力，如收听对话或文本的音频朗读（或录音）。教师规定了学生需要合上书本聆听，因此，他们只能借助声音和图像来获取信息，而无法通过文本来接收信息。最终，教师会对篇章或对话作出解释，并要求学生掌握新的词汇及语法结构。

教师应该尽量使用英语授课，在遇到难以理解的知识点时，可以用母语来解释。教师应以学生深入理解课文内容为基础，利用课文中的重点结构让学生进行训练。在进行训练时，教师有责任为学生提供一些提示语或者设定某些背景情境，以便更好地控制训练进度，学生则需遵照教师的要求进行训练。

在优先培养学生听说能力练习的基础上，教师也应该适当地安排句型转换、造句等写作练习，巩固学生学过的知识。

情境法的特点：语言教学始于口语，材料在以书面形式呈现之前是口头讲授的，一旦有了足够的词汇和语法基础，就会引入阅读和写作。

通过情境法的特点可以得知：虽然情境法的目标是培养学生听、说、读、写的能力，但是它强调的重点仍然是听和说的能力。在主张情境法的学者看来，口语是四种能力中排第一位的，是教学中应该重点强调的方面。

编写情境法教材时有两个明显的特点：首先选择出现频率较高的语言项目，包括常用的词汇和语法项目，优先安排教授；然后将教学内容从易到难地进行排列和组织，符合教学内容从基础到深入的理念。

在情境法的教学中，教师是课堂活动的设计者和指挥官，也是学生语言学习的榜样。作为课堂活动的设计者，教师不仅要适时调整当前的课堂活动，还应该根据学生在活动中的表现，来设计下一堂课的活动情境。作为课堂活动的指挥官，教师应严格把控课堂活动的进程和变化，保证学生有正确的学习方向；作为榜样，教师的语言结构和表达能力是学生模仿的标准。

在情境法的课堂中，英语是教学语言，教师使用英语组织教学、解释语言项目和布置家庭作业。但在解释语言词汇或结构时，或碰到一些难以解释清楚的项目时，教师也会使用母语进行讲解。

语音和语法的准确性是十分重要的。因此，在教学过程中，教师应尽力帮助学生减少错误。教师应该在学生犯错后尽快纠正他们，这样可以帮助他们养成良好的语言习惯。

第二章　英语教学基础与模式

在高校的英语教学中，教师首先要对教学的基本情况有初步的了解。本章介绍英语教学基础与模式，分别从英语教学大纲、教材与课堂、英语教学模式理论与英语教学模式的实践三个方面进行介绍。

第一节　英语教学大纲、教材与课堂

一、大学英语教学大纲

自从改革开放以来，中国教育部先后在 20 世纪 80 年代、20 世纪 90 年代和 21 世纪初邀请了一批专家编写了《大学英语教学大纲》。该大纲被正式印发并广泛推广，对于规范、指导和引导全国高等院校的英语教学起到了至关重要的作用。大学英语教师要对《大学英语教学大纲》(以下简称《大纲》) 和大学英语教材进行认真分析研究，深入了解大学英语教学的目的和意义，掌握大学生的英语学习现状，从实际出发，将教学理论运用到大学英语教学中，提高教学效果。

《大纲》的制定以教育学、语言学和心理学等理论为依据，以研究学习者和教学者的实际问题为基础。首先是研究学习者的情况，包括他们的学习态度、以前的学习经验和学习习惯。同时，还要对学习者进行书面和口语测试，了解他们目前掌握的知识、运用知识的能力及其与大纲目标的距离等。其次是研究教学者的情况，包括他们的实际知识水平、英语运用能力、教学经验和教学习惯等。在调查研究的基础上确定教学内容及大纲内容的编排（包括教学目标、教学原则、教学方法、教材和测试评估手段等）。已经发展形成的大纲主要有结构大纲、情景大纲、意念功能大纲和交际大纲等。

（一）大学英语教学大纲的历史与现状

在我国，非英语专业大学生所学的英语课程称为大学英语。1985 年 11 月，国家教育委员会成立了大学外语教材编审委员会。1986 年 11 月，中国公共外语教学研究会的名称被改为中国大学外语教学研究会，随之“大学英语”的名称代替了“公共英语”的称谓。

20 世纪 70 年代，大学英语教学大纲对学生的要求是在一个小时内读完 5000 个印刷符号，除此之外，没有其他方面的要求。即使是这样，当时的大学毕业生中也只有 1/3 的学生能达到这种水平。①

1980 年、1985 年和 1986 年，教育部门又分三次颁布了大学英语教学大纲，这几个大纲都是教育部委托专门的机构（教材编审委员会）制定的。大纲制定者一般是重点大学的教师。1980 年的大纲供高等学校理工科本科四年制学生用，这份大纲由教育部委托清华大学与北京大学于 1979 年起草并提出初稿，1980 年 6 月在上海召开的高等学校理工科公共外语教材编审委员会扩大会议上讨论修改，由编审委员会审定通过。②

之后，教育部门相继出台了供高等学校理工科本科用的大纲以及供高等学校文理科本科用的大纲。与以往的大纲相比，这两份大纲涉及面更广。以往的大纲都是委托一所到两所大学的外语教研室编写，而这次是由北京大学、清华大学、上海交通大学、重庆大学、哈尔滨工业大学、华中科技大学、复旦大学等学校联合编写。参加文理科英语教学大纲编写的有复旦大学、南开大学、北京大学、中国人民大学等学校，并在全国范围内对大学生的英语水平进行了抽样调查。在此基础上修订组经过一年的努力，修订了文理科用的大纲。经反复修改，理工科用的大纲也于 1984 年审定通过。教育部于 1985 年和 1986 年批准了这两份大纲。这两份大纲是历年来较完整详尽的教学大纲。③

大学毕业生的基本要求是通过四、六级考试，高校必须提供各种便利条件，帮助大学生通过四、六级考试。这样，大学英语四、六级考试成了全国性的考试，通过英语四、六级考试成了每个大学生英语学习的主要目标，帮助学生通过四、六级考试也成为各高校的责任。④

近些年来，尽管我国大学英语教学取得了相当大的成绩，但是随着大学英语

---

① 王晓玲，曹佳学 . 跨文化大学英语教学 理论与实践 [M]. 成都：西南交通大学出版社，2015.

② 高永亭 .1978 年以来六部中学英语教学大纲与英语课程标准的比较研究 [D]. 上海：华东师范大学，2003.

③ 赵金贞 .《高等学校英语专业英语教学大纲》研究 [D]. 宁波：宁波大学，2008.

④ 同③。

教学改革和课程建设的不断深化，问题也不断出现。于是，教育部公布了《大学英语课程教学要求（试行）》(以下简称《教学要求》)，在大学英语的教学性质和目的、教学要求、课程设置、教学模式、教学评估和教学管理六个大方面做出了新的说明和部署，凸显了以“教师为主导、学生为主体”的当代大学英语教学原则。①

针对大学英语教学中普遍存在的问题，《教学要求》设计了具体实用的教学目标。这种方法十分贴合当前我国大学英语教学的实际需求，具有针对性和时效性，它有望产生积极的影响，从而改善目前大学英语教学的现状。

（二）《大纲》与《教学要求》的比较

教育部通过颁布《大学英语课程教学要求》，将大学英语教育定义为高等教育必不可少的一部分。大学英语教学旨在让学生全面掌握英语知识，特别是听说能力，以便能够以自如的口头和书面方式进行有效的信息交流。此外，该教学要求还强调了提高自主学习能力和全面文化素养，以使学生适应中国社会的发展和国际交流的需求。大学英语教育包括但不限于英语语言知识、应用技巧、学习策略以及跨文化交际。这门课程不仅考虑了外语教学理论，还将多种教学模式和手段结合起来，形成了一个完整的教学体系。尽管《大纲》没有详细说明教学性质，但它的主要目标是让学生拥有出色的阅读技巧及基本的听、说、写、译的能力，这样学生就可以使用英语进行有效的信息交流。大学英语教学旨在帮助学生建立扎实的语言基础，获取有效的语言学习技巧，提升文化素养，以更好地满足社会发展和经济建设的需求。而《教学要求》的教学目的是培养学生的英语综合应用能力，特别是听说能力，使学生在今后的工作和社会交往中能用英语有效地进行口头和书面的信息交流，同时增强其自主学习能力，提高综合文化素养，以满足我国社会发展和国际交流的需要。②

根据《大纲》制定的教学评价标准，大学英语四、六级考试是全国范围内衡量高校英语教学水平的标准化考试。自从《大纲》实施以来，四级考试已成为许多高校学生为获得学位而必须参加的考试之一。根据《教学要求》的分类，教学评估被分为两种，形成性评估和终结性评估。形成性评估是指在教学过程中对正在进行以及正在发展中的教学活动进行评估，使教师能够及时地获取教学信息反馈，

① 高永亭 .1978 年以来六部中学英语教学大纲与英语课程标准的比较研究[D]. 上海：华东师范大学，2003.

② 佟敏强 . 大学英语阅读教学理论与实践[M]. 长春：吉林出版集团有限责任公司，2009.

以便在适当时机对教学活动进行调整和改进。这有助于形成优质的教学方法和策略，以更好地适应学生的需求和特点。此外，这种评估还可以帮助我们及时总结经验教训，适当地改善工作方式。终结性评估是一种能够衡量教学活动成果并进行价值评估的方法，旨在提供有价值的教学参考，帮助制定和做出相应的教学决策或决议。这种评估在教学活动完成后进行。终结性评估中的一种形式是具体教学中的成绩报告单。这种评估方法具有客观、简便和易于执行的特点。形成性评估融合了学生自我评估、同学互评、教师评估和教务部门评估等多种形式，并且通过多种方式（如记录课堂和课外活动、网上自学、学习档案、访谈、座谈等方式）来监督学生的学习过程，从而有效提高学生的学习效果。教学评估标准对发挥教师的创造力、实施个性化教学、培养学生个性化的自主学习能力具有强大的促进作用。①

《教学要求》中多次提到课程设置“要充分体现个性化”“考虑不同起点的学生”，教学模式应“朝个性化学习、自主式学习方向发展”，要“确立学生在教学过程中的主体地位”，应“能使学生自主选择适合自己需要的材料进行学习”。《教学要求》虽然没有统一的教学安排，但是提出了三个层次的要求——一般要求、较高要求和更高要求，并规定各个学校应当根据本校实际情况，自行确定学校以哪一个要求或同时以三个要求来作为学校的大学英语教学目标。《教学要求》取消了带有全国统一性的“级”的概念，同一门大学英语课程，难易程度、教学要求和课时长短各个学校可以不同。《教学要求》还模糊了必修课程和选修课程的界限，这都使得教学朝着多样化和个性化方向发展。没有了统一的目标和要求，各个学校可以根据自已学生的水平和教学条件提出切合实际的标准，如同样是听、说、读、写四项技能，体育、音乐、美术专业的学生可要求低一些，而涉外专业学生可以高一点，对部分基础好的学生甚至可以要求其达到英语专业的能力标准，把他们培养成有国际交际能力且能够用英语直接开展工作的人才。《教学要求》在课程设置和教学模式上提出“应大量使用先进的信息技术，推进基于计算机和网络的英语教学”的理念。21 世纪的大学英语教学将逐步从计算机辅助教学过渡到以超文本思想为主导的多媒体教学和网络课程教学。②

① 张凌．对比分析《英语教学大纲》和《英语课程标准》[D]. 吉林：东北师范大学，2005.

② 刘强．我国大学英语教师对《大学英语课程要求》的认识、理解与实践[D]. 长春：吉林大学，2009.

二、大学英语教材分析

教材作为知识载体，反映了教学模式，具体体现在教学大纲上。在课堂教学中，教材是教师与学生围绕教育内容展开教学活动的语言范本和实践材料。成功的教学离不开指导思想、教学目标、教材、练习方法的合理编排，这些因素对于语言学习的有意义输入和学习效果都至关重要。其中，教材的选取对于教学的成败起着决定性的作用。最近几年，大学英语教材研究备受瞩目。

（一）大学英语教材中存在的问题

1. 教材的编写超前于教学大纲

大学英语教材的编写显然要把《大纲》和《教学要求》作为最高指导原则。从理论上说《大纲》和《教学要求》应制定在前，教材编写在后，教材必须按照《大纲》的目标要求编写，但我国的情况恰恰相反，往往是先有教材，后有大纲。虽然有四家出版社的教材或教学系列最后入选国家教育部推荐使用的教材，但这些教材或教学系列也是在《教学要求》颁布之前出版的。

2. 等级考试对教材造成的问题

当前的大学英语教材编写受四、六级考试的影响。大纲规定了教学目标和标准，教材是按照大纲的要求编写的教学内容，测试则是用来检验教材教学实施情况是否符合大纲的标准。换一种说法是：首先，必须制定一个完善的课程大纲，然后选定相应的教材，并制定测试计划。测试已经成为教材编写中重要的依据，与过去不同的是，现在的测试通常会放在教材前面。在编写教材时，测试的内容和形式被认为非常重要。例如，在大多数大学英语教材中，处理生词的方式突出了四、六级词汇的重要性，并提高了这些词汇的出现率和重现率，以此来加强学生对四、六级词汇的练习。此外，教材中的课文练习设计采用了与四、六级考试相同的形式，具体包括阅读理解和完型填空题型。作文题的形式和作文字数的要求都完全一样，甚至还将四、六级考试的模拟考试题直接嵌入教材中。许多初版教材的课文都保留了原汁原味的内容，长度、生词密度、思想完整性和语言艺术性都一致。但由于学校的要求，编者在修订教材时只能对课文进行删减和替换，使用更为简单的四、六级词汇替代大量生词。随着学生水平的不断提高，课本中所涵盖的内容也逐渐变得更为简单。在学生学习英语是为了通过四、六级考试，教师教英语是为了帮助学生应付四、六级考试的大环境下，大学英语教材只会走上一条畸形发展的道路。[①]

① 严明．评价驱动的大学英语课程教学管理理论与实践[M]．哈尔滨：黑龙江大学出版社，2012.

（二）教学时对教材的使用

在大学英语自主学习模式中，教材到底应该具有什么样的功能？客观地讲，教材使用只是整个英语教学过程中的一个环节。在外语教学的整个过程中，教材的运用主要发生在课堂教学阶段，该阶段又可分为需求调查、课程设计、教学目标指定以及评估等不同环节。英语学习过程中，教材提供的素材和语言基础训练的作用并不是十分全面，有其局限性，学教材并不等于学习英语的全部过程。

传统教学中往往采用单一的课程和教材，导致教师过于依赖教材，将其视为“规范”和“掌控”教学的“强制性文化”。教师过度依赖规定的教学方式，不敢尝试新的探索，成为教材的“奴隶”。这导致教师失去了自主精神和创新能力，无法从实践中探索教学方法，最终影响了教学质量的提高。学生对自主学习失去了兴趣，也未能得到足够的学习机会。新的教材理念是：教材是服务于教学的材料和工具，仅仅是引导学生认知发展、生活学习、人格构建的一种案例，其内容有其典型性和代表性，但并不都是最好、最正确、最合适的范例。教师可根据该校、该班、该学生的实际情况，对教材做出变动。为了有效地实现大学课程的要求并达到预期目标，教师应该根据学生的需求灵活地探索教学内容和方法，对教材进行革新性和批判性的使用。具体来说，教师应从以下几个方面做出努力：

1. 把握教材使用的不确定性

尽管自主学习倡导学习者根据自身需求选择适合自己的学习材料，但是外语教材在中国这种语言环境下仍然是不可取代的、行之有效的根本性工具。使用教材时，教师需慎重挑选内容、恰当地安排使用顺序，并根据需求灵活调整教学方法。

2. 合理增删教材内容

要按照教学大纲的要求，对教材内容进行合理的增删。结合教材所蕴含的相关文化背景知识以及学生在学习过程中产生的疑问和兴趣，教师应及时指导学生运用正确的学习策略去解决教材中的重点和难点，并就学生所关注的内容进行适当补充和说明。

3. 呈现教材的意义

教材的呈现是教材编写者要研究的问题，也是教师需要考虑的问题，即在教学情境下以什么方式向学生展示教学内容的问题。

教师呈现教材的技能，是指教师在教学情境中，将课程内容展示在学生面前，组织学生有效地掌握教材内容的一系列教学行为方式。它包括整合课程资源、重组教材、创造性使用教科书等各种活动。随着新课程的实施，按照国家课程标准编写的新教材，一改过去那种以现成的、不容置疑的“定论”方式把课程内容给予学生、让学生被动地接受，淡化教材的同质性与规定性，增强了挑战性、生成性和创新性。这样，给教师的教学创新和专业自主提供了极好的条件。总之，教师科学合理地使用教材主要表现在能够正确利用教材提供的输入信息，结合单元主题，设计每一课具体的教学活动方式，从而将教材“活化”，以此刺激和引发学生积极地去探索更多更广的知识和信息。

4. 扩充教材内涵

大学英语教学的主要材料是大学英语教材。教师要充分利用教材所提供的语言材料组织好课堂教学和指导学生课外自学；有效利用现代化网络媒体所提供的真实语境语料，帮助学生养成良好的语言学习习惯，成为真正的主动学习者，从而达成培养学生自主学习能力的目标。

（三）高校英语教材现状

由于高校英语教材内容的深度、广度和能力要求较高，英语教材有了较大的变化，许多内容难度大、方法新，对理解和分析教材的能力要求较高。学生个性特点突出、生源多元化，教学中出现两极分化的问题。要改变这种状况，因材施教显得极为必要。对学生进行分层教学，是使全体学生共同进步的一个有效措施，也是使因材施教落到实处的一种有效方式。为了适应教学规模的扩大，满足高校教育教学改革与发展的需要，近年相继出版了一些相关教材，这些教材具有其自身特色。

我国高校英语教材选材广泛，内容丰富，不少课文涉及英语国家典型的文化背景知识，有很多值得挖掘的文化信息。高校英语教材所选题材涉及日常交际和业务交际的内容，题材多样，内容丰富，具有时代性、科学性和趣味性，能体现素质教育和以实用为主的特色。但这些教材也存在一些问题。

第一，教材难度未能反映学生的实际水平。教材对于教学具有至关重要的作用，教师使用教材的方式和方法，直接影响学生的学习效果和兴趣。根据研究结果，高等教育阶段的英语教材与中等教育阶段的英语课本在衔接方面存在一些问题。这些教材编写者没有充分考虑到高校学生的英语水平，从而导致了学生对学习的兴趣不够。这意味着教学材料必须符合教学大纲的知识、技能和能力水平要求，并与学生现有水平相匹配。为此，应尽可能提供与学生能力水平相近的语言材料。

第二，缺乏对教材使用情况的信息反馈。教材质量的保证是一个循环的过程，没有教材使用后的质量信息反馈，就很难做到教材长久使用的质量保障。由于受时间和编者能力的局限，教材中不可避免地存在诸如错别字、图解错误等。对此，除编者和出版社应加大对教材的监管力度外，还应要求授课教师认真研究教材、分析教材，并加强与学生沟通，了解学生对教材的认识和看法，为教材质量的评价奠定基础，更为教材的修订和再版提供保障。另外，遵循大学英语级别逐渐提升的规律，单元间的“坡度”应该逐渐升高。

第三，教师用书需要进一步改进。教师用书是教材中至关重要的一环，它可以确保教材的使用质量，使得教学大纲的要求和教材编写者的意图能够被深入理解并贯彻到实践中。然而，高校教师在使用多种教材时，发现缺乏提供有关教学方法和教学活动设计的参考建议。除此之外，编者没有提出任何与文化教育有关的要求，也没有提供更有参考价值的资料。通过运用不同单元的语言知识，编写者提供一些文化切入点，以帮助教师进行文化知识方面的教学。这是完全可行的。

第四，教材发展缺乏系统性和科学性。高等教育部门提出了高校教学质量和教学改革计划，这使得我们国家的大学英语教材得到了专家审核、政府认可，因此，在市场竞争中占有绝对优势。高校英语教材呈现出多样化和广泛性的趋势，这给高校教师选择教材带来了更大的挑战。同时，这种情况也不利于全国进行统一测试，因为难以保证教材内容与大纲要求的一致性得到落实。

三、大学英语课堂

（一）新时代大学英语课堂的特征

随着我国高校英语教育不断推进，我们进入了一个新的发展阶段：新时代，新文科，以及大外语的时代。在新时代下，大学英语教学具备了许多特征，如大学的国际化程度越来越高，大学外语教育需要切实服务于国家的发展战略等。

首先，将信息技术与外语教学相结合。从技术的创新、教学方法的变革、教学形式的创新以及信息技术功能的提升等多个角度，我们能够看到信息技术与外语教学之间不断发生着新的变化和演化。此外，为了满足国家发展战略和新时代高等教育的发展要求，政府部门陆续颁布了一系列推动高等教育信息化进程的政策措施。

其次，将外语教学与思政教育有机地融合在一起。自从“课程思政”这一理念在上海被引入后，它的影响逐渐扩大，成为我国各大院校努力的方向和目标，贯穿于各种类型的课程之中。在高等教育中，大学英语课堂是非常关键的部分，它在全面的思政教育中扮演了不可或缺的角色。因而，教师应更新教学理念，提升思政教学水平，应充分发挥课程思政的弹性特点，自主地运用个人的能动性，把思政的隐含含义贯穿到大学英语教学的各个层面。在当今这个全新的时代背景下，我们国内的高校英语课堂仍然沿用传统的面对面授课方式，那么现在它的现状如何呢？这是否符合现代大学英语教育的标准呢？

（二）大学英语课堂的突出问题

在当今信息技术迅猛发展的背景下，我国许多高校都采取了网络教学平台和学生自主学习平台的教学方式。现在，许多大学英语教师正在积极探索多种新的教学方式，包括翻转课堂、混合在线和线下教学、项目导向式教学等。有些大学甚至借助智慧教室实现更加先进、高效的教学。然而，我国的大学英语课堂教学仍然沿用着传统的思维方式。教师主导授课，学生缺乏参与，而且学生的投入感不算高。原因在于教师的授课方式没有引入新思路，从而导致了解释性教学的普遍存在，以及促进互动与评价的课堂氛围缺失等问题。

1. 解释性教学现象

为了深入了解大学英语教师的课堂教学现状，许多大学外语系的干部定期观摩各类大学英语课堂，这已经成为习惯性的做法。此外，学校还鼓励教师之间相互观摩授课，以便取长补短。据反馈，教师们通常按照教材的顺序安排课堂内容，并使用幻灯片来辅助讲授。他们讲解的内容非常充实，有条理，并且容易理解。有的教师十分用心，经常引导学生思考，并且会安排一些小组活动让学生在参与中更好地掌握教学内容。另一项观察结果指出，无论所授课程的类型如何，教学过程和目标都基本相似。教师将根据教材的重点一一解释，学生要么专注倾听，要么积极参与，以达到更好地理解教材内容的目的。从传统的教学评估标准来看，这种教学模式和学习方式都是无可挑剔的。然而，这种教学方式被称为“解释性教学”，它向学生提供了丰富的信息，但却很少让他们将其与自己的经验联系起来，从而导致其实际学习效果不佳。

如果我们问一些教师，“如果让学生在课后结合课文使用 PPT 课件上的内容进行自主学习，他们是否会遇到困难”。一般来说，大多数人都认为现在出版社所提供的电子教材十分详细，因此应该不会出现太多问题。现今，大学英语教师广泛采用 PPT 课件作为主要授课方式，其所包含的内容是课堂授课的重点。这是科技进步给教学带来的便捷。然而，我们需要认真思考的是，我们究竟应该如何最大程度地发挥PPT的优势（如方便的信息展示、多样化的生动呈现方式等），同时，在课堂上，教师和学习者又应该承担何种角色，发挥何种作用才是最合适的。如果教师只是简单地将纸质教材的内容复制到PPT中，然后通过PPT向学生解释一些语言难点，或者要求学生根据PPT上的问题来回答，这样的教学方式与“高水平、创新性、具有挑战性”的优质课程要求相差甚远。

这种教学模式焦点放在了教材内容的理解和语言点的掌握上，却忽略了学生需要全面提高英语应用能力、跨文化交际能力、自学能力和思辨能力等方面的目标，因此，这种教学方式的效果较为有限。

2. 促学性课堂互动及评价缺失

虽然互动在语言学习方面起到了很大的促进作用，但在大学英语课堂上，教师与学生之间的互动形式常常只限于简单的提问与回答。很少有教师能够在学生回答的基础上进行深入的探讨与讨论，为学生提供更多的实践机会，从而促进语言学习的效果。这是与传统的二语习得理论、教育学理论和社会文化理论及大量实践研究相悖的。这很大程度上是由于教师缺乏认识，在创设情感支持性的课堂环境方面意识不足，而这对于提升学生语言学习能力有着至关重要的作用。因为师生之间的交流与互动不充分，学生在课堂上积极参与的意愿被严重限制。此外，尽管在大学英语课堂中主要采用的是小组互动授课形式，但实际上有效的互动并不多见。

课堂评价在教学过程中起着关键作用，而教师反馈是一种广泛运用的方式，能够有效提高教学效果。因而，对于提升教学质量和学生学习效果来说，两个重要因素是评价反馈的质量和教师在语言评价方面的专业知识和技能。只有通过有效的评价策划和实施活动，教师才能促进学生的学习。然而，目前来看，我国高校的英语教师在给予学生课堂成绩反馈方面还有改进的空间。有些教师的反馈过于笼统，以“非常好”或“优秀”等词语为例，虽然表面上看似乎是一种积极或者肯定性的反馈，但是从长远来看，这种反馈缺乏实质性的意义，没有真正发挥激励学生学习的作用。可以预先设计反馈内容，而不是根据学生实时的回答情况给出评价性的反馈。除此之外，在课堂上很少见到同伴评价和学生自我评估这两种方式的运用，这说明教师未充分发挥学生的主体性和积极性。

（三）现代大学英语课堂发展方向

为了适应新时代的需求，大学英语课堂应该充分发挥它的作用。大学英语教师应该在以下三个方面做出更进一步的努力。

1.重构并有效实施大学英语课堂教学目标

我们所处的新时代的特征之一就是信息技术和外语教学的融合。这个融合改变了学生学习英语的方式：他们不再只能在课堂内学习，而是可以随时随地都进行学习，而且这样的学习已经被纳入了课程大纲中。从前独立于课堂的学习方式已经不存在。在混合学习模式下，语言学习不仅可以得到更多的时间，还可以与其他学习模式相互融合。例如，在翻转课堂的学习模式中，学生通常会在课外自主安排时间观看视频课程，掌握主题知识，以能够更深入地参与小组讨论或全班讨论。随着新技术不断涌现，学生有更多机会和方式学习语言。因此，实现课堂教学目标的方式也相应地发生了变化。此外，这也使课堂教学目标本身发生了转变。值得关注的是，外语教育领域引入积极心理学后，人们开始更加重视情感目标的培养。学习外语需要学生具备毅力和积极心态，因为它是一个长期、渐进的过程。现代技术如英语学习专用软件和工具等不断涌现，要求学生主动践行和体验新的学习方式。研究表明，一种高效的学习策略是培养学习者的积极情绪，提升学习者的情感体验，从而使其更加主动地参与学习任务，更持续地思考并享受学习过程，从而获得更好的学习成效。

另外，如果把培养思辨能力作为教学目标的话，教师应该让学生将自己、国人和民族的价值观与其他民族的价值观进行对比，以建立批判性的视角和态度。除此之外，教师还需指导学生了解、领悟和建立其价值观体系，并将此与语言知识和技能的学习有机地融合。大学英语课堂目前十分重视培养学生的自主学习能力，这将有助于确保学生在各种学习环境下都能够取得最佳的学习效果。这与最新的学者观点相符，即自主学习能力是学生在适应不同学习环境时所需的关键能力。举例来说，教师可以帮助学生尝试使用一系列可供个人课外学习使用的资源和工具，包括但不限于文本语音合成器、移动语音识别软件和开放式语言学习资料等，以提高其对这些工具的掌握和使用能力。即便使用最先进的技术，如果课堂上不注重培养学生的自主学习能力，也难以真正提高外语教学和学习的效果。

为了实现多元化的课堂教学，教师需要精心构思相应的教学任务，以确保这些任务有助于学生发展高级的思维技能，同时鼓励他们深思熟虑、勇于创新和自主学习，从而使他们所学有所获且能够内化知识及相关技能。在教学讨论中，应该积极培养学生的多元化思维，让学生一起建构知识，互相学习，在审慎地评价知识的品质时加强思辨和批判的能力。这种交流方式能够带来很多好处。这种方法能够激发学生的积极性和创造力，在课堂上他们不再被动地遵循教师的要求，而是能够自发地参与到解决问题中，使学习过程更有趣味和富有挑战。这样做可以扩大他们的自主学习和个性化学习的机会。另外，在课堂教学中，教师应该注意反馈方式和反馈的质量。在传统传授知识的方式中，反馈通常由教师向学生提供关于他们表现或理解方面的信息。这种反馈是单向的，以教师为中心，学生只是被动地接受信息。学生应该是反馈模式的核心，而且该模式应该是可持续的。此时，反馈不再仅仅是教师对学生表现的简单评价，而是学习者需要持续积极地参与其中。具体而言，反馈是指师生、同伴之间积极对话的过程，重点强调学生在其中的积极参与和能动性，需要学生主动寻求反馈并承担更多的责任。同时，在这个过程中，学生需要不断地增加自己的知识和能力。

2. 重构英语教学能力

在当前时代的背景下，仅仅拥有英语教学的能力是不够的，教授英语的人需要具备更加全面、丰富的素养和能力。大学英语课程教学应当遵循“以学生为中心”的教育理念，采用任务式、合作式、项目式、探究式等教学方法。在这样的教学方法下，教师扮演主导角色，引导和启发学生积极参与，使教学过程由关注教师的“教”向关注学生的“学”的转变，形成以学生为主体的教学氛围。

要达成这些目标，仅凭个别教师的教学经验是远远不够的。他们不但要具备扎实的专业理论和知识，还要具备研发课程、挑选教材、调整教学方法和策略、实现教育改革和开展非常规研究的能力，同时还需促进学生共同成长，掌握现代教育技术。无论使用何种教学方式，教师的主要职责是深刻理解该方法的核心概念和操作准则。任务式教学是一种综合性教学方法，旨在整合语言使用和语言学习等各个方面的内容。这种方式使学习者能够真切地体验和运用目标语言，从而有助于他们进行语音、词汇、语法和语用方面的分析。任务式教学把任务作为教学的重点，目前广泛认同的观点是，任务必须满足以下几个特征：着重于意义的表达、信息缺失、学习者的资源利用以及产出导向。另外，众多理论和实践研究指出，当实施任务式教学时，需要在强调语言意义和形式的活动之间取得平衡，以帮助学生构建语言发展模式。“以学生为中心”的教育理念不仅要激发学生的语言学习意识，还需要增强他们的语言运用能力。这需要教师在课堂上设计情境来让学生亲身体验和实践各种自主学习策略，以帮助他们更好地掌握这些策略。在面对自主学习中的诸多不确定因素和困难时，学生需要学会自我激励，这有助于他们在课堂和课外学习环境中培养自主性、责任感和批判性思维能力。

总的来说，在新的教学环境中，教师需要将教学方式结合自主学习的理念使用，注重学生的实践经验，鼓励个体参与，强调合作学习、学生主动评估和授权等方面，同时也要考虑在不同的教学背景下采用合适和灵活的教育方式，从而达到理想的教学效果。另外，在当下这个时代，每门课程都应当具备培育人才的作用。大学英语教师必须具备课程思政能力，其中一个重要方面是在教学实践中，教师需要利用自己的学术背景和专业研究经验，有机地探索思政教学的要点。因为不同的英语变体承载着不同的文化价值和身份认同，因此教师可以利用语音教学来呈现不同的英语变体，从而帮助学生更全面地理解和认识多元文化。教师有能力在常规教材中发掘思政要素，然后通过巧妙的方式将这些要素融入教学中。因为任何文本都蕴含着一定的价值观，都表达或隐含着一定的价值理念。在实施课程思政教学时，必须遵循外语课程思政建设的六个核心要素。关键在于运用课程思政教学，帮助学生拓展认知、加深情感体悟、培养良好行为习惯，最终提高学生的英语综合应用能力，以及激发他们的文化意识和思维素养。

3. 教师自我专业发展

教师的专业发展水平直接关系到国家的建设、教育改革的成果以及人才培养的水平。确保高品质大学英语教育的关键在于拥有高水准的英语教师队伍。教师应该主动提升自己的专业素养，除了国家和高校提供的有利条件和环境外，更应该具备自我专业发展意识。这意味着教师需要积极主动地寻求自我发展的机会，并采取四个主动措施：主动了解国家和学校等各层面的政策和相关要求；积极主动地学习新的知识，扩充自己的知识体系；勇于抓住任何机会，提升自身在外语教育创新方面的能力；运用“以问题为中心”的教学方式展开研究。要实现教师队伍的高水平发展，教师必须不断学习。因为教育工作者需要始终保持学习的状态，在职期间必须不断加强自身的能力和素养，从初级到专业水平不断提升。这是一个持续不断地改进和提升的过程。随着时间的推移，教师的角色已经发生了改变，不再只是单一的“教育者”，而是需要担任多种身份，包括“学习者”“研究者”等，以适应时代的变化。

随着新时代的到来以及线上线下融合教学的流行，大学英语教师的能力标准也发生了改变。为了应对融合教育的时空挑战，教师必须着重强调自身能力的不断提升，并保持终身学习和持续创新的态度。融合教育打破物理空间的限制，为我国大学英语课堂生态注入了新的元素，使其具备了与众不同的特征，优化了大学英语课堂的职能和内在含义。因此，大学英语教师需要有将教学和科研融合的技能，不仅需要对课堂教学中遇到的问题进行反思，还需要将学到的理论应用到教学实践中，并将实际教学经验总结提炼并升华到更高的理论层面。

第二节　英语教学模式理论

一、教学模式概述

（一）什么是教学模式

教学模式是在一定教学理念的指导下建立的稳定且典型的教学程序或阶段，也被称作教学结构。这是一种不断演化的教学理念，是经过长期的教学实践总结和改进而形成的。这种理念源自教学实践，同时也指导着教学实践，它是影响教学的一个重要因素。因此，了解教学模式的演变过程和规律，对于提高教学质量至关重要。教学范式指的是教育过程中所采用的教学模式。教育工作者会综合运用教学理念、实践经验和成果，对教学实践进行深入剖析，最终提出一种或多种不同的教学模式。因此，教学模式可以将教学的理论或理念以具体、可行的形式呈现。在英语或第二语言教学中，强调培养学生的交际能力是非常重要的。为此，教师们采用了交际教学模式，其中包括了结构教学模式和功能意念教学模式。前者更加强调句型练习，而后者则更注重扮演角色和解决问题等方面。交际教学模式一方面有利于我们学习、理解和掌握先进的教学理论，使科学的理论能迅速而成功地得到应用；另一方面也有利于用成熟的经验来不断丰富教学理念，从而提高教学效率，促进学生语言能力的发展。①

（二）关于教学模式定义的研究

美国教学研究者乔伊斯和韦尔等人于 1972 年出版了《教学模式》一书，专门系统地研究了流行的各种教学模式。② 在我国近些年也有人专门撰文介绍和研究教学模式，教学模式成为当前教学研究的一个重要课题。但是，对于教学模式的定义，国内外研究者看法并不一致。在国外，较有影响的教学模式定义就是乔伊斯和韦尔的定义。他们认为，教学模式是构成课程和课业、选择教材、提示教师活动的一种范型或计划。他们把教学模式定义为一种教学范型或计划。实际上，

① 李焱．大学英语课堂教学的理论与实践探索 [M]．北京：光明日报出版社，2018．

② 乔伊斯，韦尔，卡尔霍恩．教学模式 [M]．荆建华，宋富钢，花清亮，译．北京：中国轻工业出版社，2009．

教学模式并不是一种计划，计划只是它的外在表现，教学模式蕴含着某种教学思想或理论，用“范型”或“计划”来定义教学模式显然将教学模式简单化了。美国两位著名的比较政治学者比尔和哈德格雷夫在研究了一般模式后下的定义是，模式是再现现实的一种理论性的、简化的形式。[①]比尔和哈德格雷夫的模式定义有三个要点：第一，模式是现实的再现。也就是说，模式是现实的抽象概括，来源于现实。第二，模式是理论性的形式。也就是说，模式是一种理论，而非工艺性方法，方案或计划。第三，模式是简化的形式。也就是说，模式这种理论性形式是精心简化了的，以简洁明了的形式表达比尔和哈德格雷夫的模式定义较为科学地揭示了模式的本质，是可取的。

（三）教学模式的功能

1. 课堂功能

通常，模式有四种基本作用：组合、激发、预测和度量。组合功能是指模式能够按照有序的关系将各种相关的资料（包括经验和科学知识）组合在一起，并呈现出一种必然性的结构。模式具有启发性，能够激发人们去探索未知的事实和方法。使用推理能力模式可以让人们根据其中暗示的规律性推断出预期的结果。测量功能表示模式可以通过揭示不同的关联关系来反映特定的排序或比较比率。在我们看来，教学模式具有双重功能：第一，在理论层面的功能。简化的教学模式可以有效地传达教学思想或理念，有助于人们更好地理解和应用。第二，它在实践方面有着重要的作用。实践性教学模式具有三种功能，即预测、系统化、指导。教学模式的预测功能在于它可以揭示出一种因果联系，从而帮助教师预测教学结果。通过“如果……就必然……”的推理，教师可以有针对性地制订教学计划。教学模式的系统化功能是指，通过将教学视为一个有机的系统，教学模式可以有效影响教学的各个方面，形成一个整体化的结构。教学模式中的指导功能能够给实践教学者提供其所需的步骤和条件，以帮助其成功实现教学目标。

2. 理论功能

教学模式是某种教学理论在特定情境下的表现形式，具有层次较低的特点，然而比教学经验的水平要高。“模式”是基于观察结果归纳出的框架结构，因此比抽象的概念化理论更具体。模式是一种完整的结构，包含与特定主题相关的各种因素和相互关系。因此，通常也会涵盖可执行的程序和策略。尽管教学模式反映了已有的教学经验，但它比经验层次高，因为它具有一种假设性和完整性。教

① 孔丽芳．大学英语课堂教学艺术与应用实践[M]．北京：九州出版社，2018.

学模式不仅仅是描述过去积累的教学经验，还需要通过推理和假设，揭示出原型中可能存在的教学经验和未知成分。因此，教学模式既反映又推测，二者一体。通过逐渐总结整合多种不同的教学经验，可以形成一种教学模式，从而提升这些经验的理论化程度。采用适当的教学方法，可以将抽象的理论知识转化为实用的工作方案，更容易为从业人员所掌握。

正是教学模式的这一特征，使它能较好地充当理论与实际经验联系的中介和桥梁。从某种意义上可以说，教学模式既是教学改革的产物，同时又直接促进了教学改革的发展。如果通过一段时期的努力，我们能逐步建立起具有各种类型的课堂教学模式系统，也能建立起像试题库一样的课堂教学模式库，这将使各级各类学校的教学逐步走向科学化，它还可以为刚参加教学工作的青年教师提供一些可供选择和参考的教学方案，使他们教有所据，从而很快地熟悉教学，使教学质量得到必要的保障。对具有多年教学经验的老教师来说，教学模式库的建立，也可以使他们不再囿于过去习惯采用的教学模式，为教学更加多样化提供了方便。同时各种课堂教学模式由于仅仅提供了一个大致的框架，它有待于在教学实践中进一步具体化，这就为创造性的教学提供了各种可能。而教学实践上的各种改革又将进一步促进教学模式走向完善，推动教学理论的进一步发展，从而形成实践—理论—实践的良性循环。①

二、英语教学模式的理论基础

英语教学模式是非常重要的，因此我们必须要对英语教学模式的理论基础有一定的了解，高校英语教学的理论基础主要包括构建主义模式、研究性学习理念与人本主义学习理论。

（一）建构主义教学模式

建构主义教学模式是在建构主义学习理论指导下建立起来的，是建构主义理论应用于课堂教学的教学模式。它提倡的学习方法是教师指导下的、以学生为中心的学习，其学习环境包括情境、协作、会话和意义建构等四大要素。因此，建构主义教学模式主张在教师指导下，以学习者为中心的学习。学生是信息加工的主体，是知识意义的构建者，而不是外部刺激的被动接受者和被灌输的对象。教师则是意义构建的帮助者和促进者。概而述之，建构主义教学模式是指在教学过

① 王晓玲，曹佳学．跨文化大学英语教学 理论与实践[M]．成都：西南交通大学出版社，2015．

程中在教师指导下，以学生为中心，以探究为主要学习方式，利用情境、协作、会话等学习环境要素，充分发挥学生的主动性、积极性和首创精神使学生有效地实现当前所学知识意义构建的教学程序及其方法策略体系。[①]

（二）研究性教学理念

大学英语教学中倡导研究性学习的理念，为学习者提供了一种全新的探究路径，以使学生更深入、更有效地掌握教学内容。众所周知，外语是一种实用的学科，大学英语的实用性尤其突出。由于教学内容缺乏实质性的培养，而且教师们更加关注高考等重要的教学任务，大学英语的听、说、读、写能力训练变得单调乏味，表现出一种机械化的状态。只有实行探索式教学，才能使大学英语课程具有真正的实质性内容。并且，在研究项目的完成过程中，学生得到了外语实践锻炼，同时培养出了思辨和创新的能力，学习动力也得到了根本性的提升。

尽管研究性教学着重培养学生的研究技能，但并不排斥外语应用技能的培养。反之，通过运用所学语言知识来寻找信息、解决问题、准确表达和书写文字等，学生可以有效地提高将外语作为工具的语言能力。此外，在大学英语专业中，实施研究性教学方法的方式也不同。要学好英语专业，就要熟练掌握语言学、文学以及英语文化等相关领域的专业知识，通过深入研究不断提高自己的水平。相比之下，研究型教学在大学英语教育中的应用更具灵活性，因为它给学生提供了自主选择研究主题的机会，这些主题包括人文社会领域和自然科学领域等的各个方面。这种教学方法不仅可以帮助提高语言水平，还可以培养学生的思考能力，同时增加知识，带来多种好处。近年来，许多国家（如美国和日本）开展了名为“研究性”课程的教育项目。这些项目不仅侧重于知识的掌握，更加强调学习方法的重要性，鼓励学生自主学习，并重视科学精神和人文情感。

（三）人本主义学习理论

依据人本主义学习理论，学习本质可以从个体自我实现和个人意义的角度进行说明。这种学习是由个体主动发起的，旨在使其全面融入其中并引发整体性变化的活动。这种学习对个人的全面发展具有至关重要的作用，同时也是实现个性与自我价值的重要组成部分。根据人本主义学习理论，马斯洛、罗杰斯等美国心理学家提出了10条学习原则。

① 皮亚杰．结构主义[M]．倪连生，王琳，译．北京：商务印书馆，2011．

①人类生来就对世界充满好奇心，人类生来就有学习的潜能。

②当学生觉察到学习内容与自己的目的有关时，有意义的学习就发生了。

③当学生的信念、价值观和基本态度遭到怀疑时，他往往会产生抵触情绪。

④当学生处于相互理解和支持的环境里，在没有等级评分却鼓励自我评价的情况下，就可以消除由于嘲笑和失败带来的不安。

⑤当学生处于没有挫败感却具有安全感的环境里，就能以相对自由和轻松的方式去感知书本上的文字和符号，区分和体会相似语句的微妙差异，换言之，学习就会取得进步。

⑥大多数有意义的学习是边干边学，在干中学会的。

⑦当学生负责任地参与学习时，就会促进学习。

⑧学习者自我发起并全身心投入地学习，最深入，也最持久。

⑨当以自我批判和自我评价为主、他人评价为辅时，就会促进学习者的独立性、创造性和自主性。

⑩现代社会最有用的学习是洞察学习过程、对实践始终持开放态度，并将知识内化。

人本主义理论的核心观点是，应该推崇以学生为中心的教学模式，而放弃以教师为中心的教学方式。关键在于让学生觉得学习对个人有意义。根据人本主义学习理论，学习不仅是认知方面的活动，还包括情感方面的体验，是一种综合的精神活动。情感和认知在学习中是互相交融、相辅相成的两个方面，不可分割。学习是双方精神交流和理解的全面过程，它不仅仅是由教师指导学习者按照教材上的呈现顺序掌握知识，而是需要双方的积极的参与和互动，培养学生的自主学习能力和知识迁移能力。从这个角度来看，教学已经不再以教师为中心，而是更多地依靠学习者的参与和互动，以促进知识的获取和交流。讲授知识只是其中的一种方式，而非唯一的方式。学习应该以学习者为中心，认真倾听他们的内心感受，通过师生之间的互动，提高学习过程的活力和成果，最终实现教学目标。这不同于多年来我国大学英语教学课堂以教师为主体，以教师讲解传授为主要形式的教学方法。[①]

① 林立，王之江．人本主义活动在英语教学中的应用[M]．北京：首都师范大学出版社，2005．

第三节　英语教学模式的实践

英语教学的主要目的是使学习者能够熟练使用语言，从而达到交际的目的，为社会输送更多的英语人才。在社会环境与国际环境变化的形势下，对大学英语教学模式进行改革成为提高英语人才素质的重要方式。

一、任务型教学模式

任务型教学不仅是新课程标准极力倡导的一种新颖的教学模式，而且也是为适应教学改革而提倡的一种教学理念。该教学理念有效克服了传统英语教学中语法教学同实际运用背离、语言形式同语言运用割裂的不足。为了对任务型教学模式有更加系统、清晰的认识。下面就结合任务型语言教学模式的产生背景、基本模式以及优势与局限等进行具体分析。

（一）任务型教学模式产生的背景

任务型教学模式的产生，在很大程度上依赖于近些年来在语言习得方面对英语教学影响比较大并具有代表性观点的交际法。提及交际法，通常还会涉及“交际能力”这一概念，交际能力包括语言能力、语言运用两大方面的内容。继此之后，交际法的教学目的就体现为交际能力。

自 19 世纪 70 年代起，交际法风靡全球。从交际法的角度来看，语言通常包含语法、词汇以及语言功能等几个方面。其中语言功能可以用于表达不同的意图，比如提出建议、请求原谅等。当涉及口头和书面表达时，学生需要遵循交际法的准则，确保语言正确使用。此外，他们还应该意识到与其沟通的人的身份和具体场合。根据交际法的理论，课堂环境应该与真实生活有所贴合。如果学生能够充分地接触他们所要学习的语言，就有机会使用它。学生在真实、与生活相贴近的环境中学习语言，其学习热情也能被充分激发出来。因此，在实际运用中，学生可以轻松地运用该语言并且应用范围广泛。交际法的优点在于，它能够帮助学生在语言学习过程中综合考虑语法规则和实际交际使用。除此之外，交际法并不苛求过分纠正语言错误，该教学法还认为外语的掌握是从不完善的中介语逐步地过渡到不出错地完善语言这一过程的。诸如此类的新思想、新观点都得到了很多教育家的支持和赞赏，但是，也有一部分教学法理论家质疑这种教学模式，他们主要针对以下两点内容提出了质疑：在交际法的具体运用过程中仅重视语言意义却忽视了讲解语言形式；在学生使用语言进行交际时仅注重语言的流利度而忽视语言的准确性，在处理如何更好地规避这些错误和放任自由的现象时，却有失妥当。

到了19世纪80年代，英籍印度语言学家普拉布（Prabhu）进行了一场有关交际法的实验，该实验名称为班加罗尔实验，实验的对象为印度南部地区8—12岁的小学生，实验历时5年之久。在这一实验中，提出了很多实验的类型，同时还将学生的学习内容设计为各种各样的交际任务，旨在让学生通过任务的完成开展相关的语言学习。普拉布的这项实验引起了语言学界的广泛关注，并被认为是将“任务”作为课堂设计的第一次尝试。该次尝试也成了任务型语言教学的开篇。①随后，越来越多的国外语言学家陆续投入有关任务型语言教学的研究热潮中。很多学者逐渐意识到，语言的输入并不能保证语言的习得。语言习得的关键因素为交互活动、意义协商语言输出等，只有任务得以实现并完成，学习者才能更有效地进行交互活动、意义协商、语言输出。只有进行不断、持续的深入探讨，任务型语言的体系才能升华为理论模型，进而被人们广泛接受。

（二）任务型教学模式的基本模式

截至目前，有关任务型语言教学的理念层面的研究要远远多于实践的研究。在诸多关于任务型语言教学模式的研究中，英国著名语言学家简·威利斯（Jane Willis）的研究最为典型。任务型教学的基本模式包括前任务阶段、任务环阶段以及语言焦点阶段。其中，前任务阶段就是任务前阶段的另一表述，这一阶段作为起始阶段，主要给学习者提供对其有益的语言输入，通过一些有益内容的输入来帮助他们熟悉将要展开的话题，对新词以及短语等进行有效识别。该阶段的目的是使主题内容更加鲜明、突出，同时激活学习者相关的背景知识。②

任务环阶段是任务中阶段的另一种表述，该阶段主要包括“任务—计划—汇报”这几大环节。在此阶段，学生以小组为单位来完成任务，学生在进行具体交谈的过程中可以畅所欲言，他们的语言使用也是自然发生的。计划阶段是为汇报做准备的，此阶段从对语言流畅性的关注逐渐过渡到对语言准确性的关注上。在汇报阶段，学生可以使用正式严谨的语言向全班的学生进行简要汇报。

---

① 尹世寅．论班加罗尔实验对我国高中英语课改的启示[J]．四川师范大学学报（社会科学版），2011，38（2）：138—142．

② 吴丹，王静．英语翻译与教学实践[M]．长春：吉林人民出版社，2017．

语言焦点阶段是指任务后阶段。语言焦点阶段是在历经了任务环阶段之后，学生对语言已经有了整体的接触。语言焦点阶段又可进一步分为分析和练习这两个小阶段。分析阶段对学习者提出了具体要求，即应通过观察分析对其中的规则进行概括和归纳。在练习阶段，教师应适当地对练习进行控制，主要是为了起到一定的总结作用。

（三）任务型教学模式的优势与局限

1. 任务型教学模式的优势

任务型教学模式注重学生在语言学习中实际的交流活动，以任务为主要的教学单元，课堂教学由一系列相互关联的任务构成。另外，任务型教学注重学生之间和师生之间的互动，并构建真实自然的语境，让学生通过有意义的讨论、交流和实践完成任务，以便更好地运用语言。从而使学生的语言综合能力得到良好的发展。这一教学模式的优势主要体现在以下几个方面。

第一，任务型教学模式目标具体、明确，和一般的课堂操练存在着很大的不同。这一教学模式不仅重视培养学生自主完成任务的策略、能力等，同时也关注学生在具体任务完成过程中的参与程度以及在具体的交际活动中所获得的情感体验。因此，运用这种教学模式进行语言教学能让学生在各种各样的任务形式如小组活动、结对活动中相互合作，资源共享能够让学生在实践中学习并应用所学知识，不仅增强了学生的自主学习能力，也能够激发他们的学习兴趣。学生在完成具体任务的过程中还可以非常明显地感觉到自己的价值。当然，一些学生还能通过实践更好地认识自己的不足之处，使完善自我的愿望能够得到很好的激发，以唤醒持续学习和成长的内在动力。

第二，任务型教学模式以学生为中心，教师仅作为组织者、帮手、引导者等角色参与教学，在这一模式下的英语教学中，学生有更多参与合作学习的机会。学生在参与多元化学习活动的过程中不仅掌握了一些基础的英语知识，同时也获得了更多用于实践和交流的机会。相应地，学生的积极性能被充分调动。

第三，任务型教学模式在课堂之前就将任务交给了学生，为了更好地完成任务，学生会自发地收集、归纳和整理有关任务的相关信息，这有助于解决任务中的问题。在这种教学方法中，学生通常需要综合运用多种语言、知识和技能，而不能简单地依赖一种语言或技能。

第四，在任务型教学模式中，所有参与的学生都扮演着相应的角色，并承担着一定的责任在具体的小组活动中，运用所学语言同其他学生沟通、交流和分享，通过这一过程，学生逐渐掌握了与人相处的技巧，同时也提高了团队合作和应用交际策略的能力。总体来说，这一教学模式对培养学生的语言综合运用能力还是非常有帮助的。

2. 任务型教学模式的局限性

前文分析了任务型教学模式的一些优势，尽管该教学模式是语言教学中一种行之有效的教学模式，并且被认为与语言习得的规律相符，但是这一模式久经尝试，在具体运用中其局限性也在不同层面呈现了出来。

从教师层面来看，这种教学模式需要英语教师具备高水平的教学能力，同时应对任务型教学模式有充分的理解和掌握，他们必须拥有坚实的专业知识和深刻的理论背景，同时还需要有出色的任务设计、课堂管理、应变能力、多样化的教学活动组织能力，良好的反思习惯和灵活运用现代教育技术的能力，以及与之相关的对任务进行评价的能力等。

然而，这种教学模式在我国的推广时间并不是很久。长期以来，英语一直被作为一门外语来学习，然而，第二语言教学和外语教学是两种完全不同的语言教学模式。在应用任务型教学模式过程中，一些教师可能会遇到困难，因为他们习惯了传统的英语教学方法。此外，就国内来看，与任务型外语教学相关的培训也比较少，这些客观上的不利因素就使一些教师要想对任务型教学模式有更系统的认识变得难上加难。如果一些传统的英语教师对这一教学模式不甚理解，很可能会在教学中流于形式，旧瓶装新酒。许多学生习惯于传统的英语教学方式，他们往往倾向于依赖教师，并采用被动接受教育的方式学习。那么很可能是因为这种教学模式没有有效地考虑到学生自身的接受能力，导致学生在小组合作和学习方面表现不佳，在任务完成的过程中就很难形成师生间、生生间互动的状态，这样就很容易产生教学和学习效果费时、低效的情况。

从考试和评价制度层面来看，目前的主导思想依然是将学习重心放在题目操练和考试上，这样就无形中使学生没有形成相应的主动培养自身英语交际和综合运用能力的意识。但是，任务型教学模式的理念却与之相反，该教学模式需要学生在活动中完成每项任务，学生的精力和心思如果不在这一方面，很容易产生积极性差和参与意识不高的局面。

二、情感教学模式

语言学习本身是一个复杂的习得过程，涉及各种各样的因素。这些因素所起到的作用无形中会对学生学习外语的热情和动力产生直接的影响。但是，在现实的教育中存在着重“知”轻“情”这一在“知”与“情”方面不平衡的状况。为了使这一现象得以扭转，出现了旨在提升学生素质且行之有效的教学模式，即情感教学模式。

（一）情感教学的内涵

国内很多学者结合自身的理解对情感教学进行了界定。下面就对几种比较有代表性的观点进行分析。华中师范大学教授鲁子问认为，情感教学具体指的是教师在教学过程中对认知因素予以充分考虑的同时，借助一定的教学手段，通过激发、调动和满足学生的情感需要来完善教学目标，增强教学效果的教学模式。①根据吴金娥的观点，情感教学具体是指教师以教学活动为基础，运用一定的教学手段来调动、激发和满足学生的情感需求，从而努力实现认知因素和情感因素完美统一，以期达到提高教学效果及促进学生全面、和谐发展的目标。②

（二）大学英语情感教学的现状

在英语教学中，情感状态是极为重要的因素，这种积极情感能够激发学生更好地理解和掌握英语，有助于提高学生的整体语言能力。到底我们在大学英语教学中有多大程度地考虑和重视情感因素呢？我们应该如何在教学中融入情感教学，以促进学生的情感发展？即使在大学英语教学中，教师和学生都已经认识到情感教学的重要性，但该策略仍未得到实际应用。

1. 教师方面

在中国的许多大学中，英语教学存在着许多值得关注的问题。由于扩招和多媒体教学等原因，大班授课已经成为常态。遗憾的是，在这种教学方法中，英语课程的时间被压缩，并且教师通常过度关注语言学习认知方面的内容，如语言点的分析和教学的进度。但是英语教师没有意识到情感因素对学生英语学习的积极影响，也缺乏创设良好、互动性高的课堂氛围的能力。这种情况下，学生的兴趣和自信心都缺乏有效的提升。在上课的时候，教师和学生之间缺少情感上的互动，导致课堂显得十分乏味、缺乏活力。随着时间的流逝，学生对英语课堂学习逐渐变得冷淡，表现出缺乏注意力、玩手机或逃课等行为。学生面对考核未达标的情况，产生了焦虑、害怕、紧张、怀疑、厌恶等负面情绪，这些情绪进而影响了大学英语教学的品质。

---

① 鲁子问．英语教育的批判性维度建构 [M]．南京：译林出版社，2018．

② 吴金娥．你若不坚持，谁替你努力 [M]．北京：中国致公出版社，2018．

2. 学生方面

一些大学生目前在学习英语时缺少正确的学习目标和态度。部分学生认为学习英语只是为了通过四、六级考试，以便毕业顺利。他们忽视了英语学习的其他方面。虽然一些大学生在学习英语时追求提升个人素质和未来职业发展，但他们通常受到传统的“教师控制”式的教育方法影响，只是消极地听教师讲解并记笔记，导致教学缺乏活力，参与度也不高。部分学生对英语表达感到紧张和担忧，常常害怕犯错，从而难以积极参与课堂讨论。还有部分学生在口音、声调、词汇水平和语感方面有所不足，他们缺乏自信，对于交流有畏难情绪。

有的学生虽然具备英语应用技能，但当他们走向社会时，沟通能力、综合素养偏弱，往往缺乏发展的后劲儿，难以应对多变的环境。在信息国际化的今天，学生在认识自我价值、处理人际关系、承受生活的压力或应对一些突发事件时他们往往会不知所措，无法疏解心结，甚至会感到无所适从。所以，除了认知能力的培养，我们还要关注影响学生未来的情感因素。

（三）情感教学模式的建构

1. 充分调动和激发学生的动机

动机是对语言学习产生影响的最基本的因素之一。因此，英语教育工作者应高度重视对学生学习动机的调动和激发。要想更好地调动和激发学生的学习动机，最重要的是要利用学生天生的好奇心来激发他们的探究欲望。目前在外语教学中，最广泛采用的动力激励方法是通过场景问题的设置来激发学生的学习兴趣和动力。更具体地说，创造问题情境是通过创设讲授内容和激发学生的求知欲望之间的矛盾，引导学生进入一个与问题相关的情境中。然而，在设计问题时，需要保证问题具备明确、简明的特点，不过于简单或复杂，既有趣味性又有启发性，同时还要有效地结合现有的基础知识和需要解决的问题，让学生感受到知识学习的未知性和挑战性，促进他们主动思考。需要特别关注的是，在设计问题时，必须确保不会伤害学生的自尊心，这是一个基本前提。马斯洛的需求层次理论认为，每个人都追求实现自身价值和成功，但要实现这一目标，就需要先满足低级需求，如爱和自尊。换句话说，要先满足基础需求，才能追求更高级的需求。当学生遭受到负面因素的冲击时，他们的自尊心可能会受到伤害，这可能会对他们产生较大的负面影响。

2. 进行正确的归因训练和归因指导

建构情感教学模式还应进行正确的归因训练和归因指导，借此来提升学生的自信心、效能感等。事实上，归因理论是一种系统性较强的认知动机理论。归因于不同的因素可能会改变期望和情感，因此它可以影响人们的动机和行动。成功或失败的归因也会对此产生影响。以上事实表明，归因具有动机作用。对学生的归因指导是否正确会在很大程度上对学生的学习情绪产生影响。

只要给英语教师提供一些训练和自学机会，这些教师便能够改变自己学生的归因模式与成就动机。教师的言行通常会对学生归因模式的发展变化产生影响。与此同时，这也相应地给教师提出了更高层次的要求，即教师应转变教学观念，在教学中逐渐增强情感教育的意识，从理论层面强化对情感教育意义的把握和理解，以此来提升自身的情感修养。①

3. 借助学习动机的迁移丰富材料呈现方式

建构情感教学模式还应借助学生学习动机的迁移来不断地丰富和完善材料的呈现方式。当前科学技术的发展使多媒体技术的运用日益普遍化。事实上，多媒体技术的普及和应用极大地丰富了教学呈现的方式。例如，为激发学生浓厚的学习兴趣，教师运用图形、实验、录像、幻灯等多种教学手段进行讲授。当然，要激发学生的兴趣，我们还可以让学生参与到实际学习过程中。只有学生真正地体验到了学习的乐趣，才能更加有利于其创造性和潜能的有效发挥。

4. 创设轻松、愉悦的学习环境

外部因素对学生情感产生显著的影响，其中学习环境便是一项重要因素。拥有良好的学习环境不仅可以提高学生的情感素养，还能够有效地激发学生的学习动力和热情，这对学生的身心健康发展有潜在的积极影响。通常情况下，学生在愉悦和轻松的学习环境中，思维活跃、记忆力强，呈现出最佳的学习状态。作为一名大学英语教师，必须认识到为了让学生在学习中感到愉悦和舒适，最重要的是允许学生拥有最大的自主权，让学生能够在毫无拘束的环境中全身心地投入学习中。当然，不仅如此，教师还应为学生创设民主的氛围，在此过程中教师可充当学生的学习向导和学习伙伴的角色。学生处于这种民主、自由的学习环境中，才会有一种安全感，也才能取得最佳的学习效果。

三、分级教学模式

所谓“分级教学模式”指的是以学习者的学习水平和学习潜能为标准，将学习者划分为不同的层次，并在此基础上开展相应的教学活动。因此，分级教学模

① 李红霞. 大学英语教学研究[M]. 天津：天津科学技术出版社，2017.

式体现了因材施教的教学理念，其最终目的是让不同层次的学习者在自己的起点上取得进步。

（一）分级教学模式相关理论

分级教学模式是教学者根据科学的教学理论开发出来的，主要包括 i+1 语言输入假设理论、学习迁移理论、掌握学习理论。

1.i+1 语言输入假设理论

分级教学模式以美国应用语言学家克拉申（Krashen）的 i+1 语言输入假设理论为重要的理论依据。这个理论对分级教学模式的影响主要表现在以下两个方面。

第一，从课程理论角度来看，i+1 理论不仅注重知识的获得，更注重学习者获得知识的途径。具体来说，i+1 理论强调学习应采取循序渐进的步骤、方法和过程，这正是分级教学的精髓。第二，从教学实践来看，分级教学根据学习者在性格、动机、态度、认知风格语言技能等方面的差异来确立不同教学目标的要求与方法。[①]

2. 学习迁移理论

学习迁移指的是已学得的学习经验对如今学习的影响，一般包括两种影响。当之前的学习经验对学习起到促进作用时，便是正迁移；反之，起到抑制或干扰作用时，则属于负迁移。美国心理学家奥苏伯尔（Ausubel）的认知结构迁移理论认为，学习者头脑内的知识结构就是认知结构。当学习者接受新知识时，他们已有的认知结构，如知识内容和组织方式，可以被视为一种认知结构变量。奥苏伯尔提出了三个新的认知结构变量，它们对学习和记忆的影响被证实，通过对这些变量的调整和改变可以进行更有效的学习和知识迁移。以奥苏伯尔的认知迁移理论为基础，把对原有知识掌握水平相当的学习者安排在一起组织教学，即采取分级教学模式，能够促进学习的正迁移，取得较好的教学效果。[②]

3. 掌握学习理论

美国心理学家布卢姆（Bloom）的掌握学习理论认为，学习者成绩不理想不是因为学习者的智慧欠缺，而是由于欠缺完备的设施与合理的帮助。当具备适当、合理的学习条件时，绝大部分学习者的学习能力、速度与动机等都会变得十分相

---

① 徐芸，马力达．“i+1”理论下的大学英语分级教学模式研究[J]. 林区教学，2018（12）：65—67.

② 奥苏伯尔．教育心理学：认知观点[M]. 佘南星，宋钧，译．北京：人民教育出版社，1994.

似。因此，采取分级教学模式可为不同潜质的学习者提供多样化、个性化的教学手段，从而尽可能地将学习者潜能挖掘出来。

掌握学习的意思正如“掌握”一词的含义，是指达到一种完全理解的水平，教师在班级授课的基础上，通过评价系统的反馈和针对学生个人的帮助和矫正，确保学生在学习新内容前都能掌握所教的知识。教师要把教育目标确立为让学生掌握知识，做到“为掌握而教”；学生也要把关注点从成绩和名次上转移到对知识本身的掌握上，做到“为掌握而学”。①

（二）分级教学模式的原则

分级教学模式在具体实施中需要遵循一定的原则，主要包括循序渐进原则和因材施教原则。

1．循序渐进原则

遵循循序渐进原则，就是指教师在传授知识时既要尊重知识的内在规律，又要采取相应程度的学习者可以接受的教学形式。分级教学模式使教师得以在学习者原有英语知识体系的基础上进行教学，采取适合他们的教学方法，从而使学习者逐步提高语言技能。

2．因材施教原则

由于环境、教育、学习者本身的实践等方面的不同，学习者之间必然存在一定的差异性。近年来，随着扩招政策的推进，越来越多的学习者得以接受高等教育，但不同学习者在英语水平方面的差异却不容忽视。在这种情况下，如果不对这种差异性进行充分考虑就把英语水平悬殊的学习者安排在同一班级，很容易出现程度差的学习者“吃不消”、程度好的学习者“吃不饱”的尴尬局面，进而造成教学资源的巨大浪费。分级教学模式承认学习者之间的个体差异，可以为学习者提供满足其自身需要的教学条件，从而取得理想的教学效果。

（三）分级教学模式的实施

分级教学模式的实施可以从以下几个方面着手。

1．合理科学地进行分级

分级教学不要求全体学习者达到同一目标，而是按照不同的级别制定不同的教学目标，因此，进行合理、科学的分级是分级教学模式取得实效的前提。为此，应采取科学的分级试题和分级标准。具体来说，应以《大学英语课程教学要求》

---

① 张露．布卢姆掌握学习理论对中学数学教学的启示[J]．数学之友，2023，37（2）：15−18．

中的各级词汇量为基础来组织分级试题，同时应注意题目的层次性。分级标准则应对分级测试结果、个人实际水平、个人意愿等因素进行综合考虑。在具体的教学实践中，将学习者分为A级与B级两个级别较为合理。此外，为缓解B级班学习者的心理压力，调动他们积极的学习情感，可利用周末时间为他们补课。这样，B级班学习者可以尽快达到A级班学习者的水平，从而在同一起跑线上竞争。

2.提高分级区分程度

高考英语成绩与摸底考试成绩是很多院校进行分级的标准。但是，常常有一些学习者因为几分之差甚至因一分之差而没能进入A级班，而这几分之差往往很难说明英语水平的高低。因此，为了提高分级的区分度与合理性，可在分级时听取学习者本人的意见，进行双向选择。学习者往往对自己的实际英语水平与兴趣点有较好把握，他们由被动接受转为主动选择可以增强主体地位，提高他们在后续学习过程中的自觉性与积极性。

3.实施升降级调整机制

实施升降级调整机制，就是对学习者的学习程度进行动态管理，使学习者的级别随学习的兴趣、成绩以及能力的变化而变化。具体来说，B级班的学习者取得进步，达到A级班水平时，教师可将其升入A级班，以激励学习者取得更大的进步。A级班的学习者未能取得进步，且成绩滑落到B级班程度时，教师也可将其调入B级班，以给予其适当压力。需要注意的是，进行升降级的调整时应坚持选拔与自愿相结合的原则，且应在一定范围内定期调整，但不可过于频繁。

4.制定科学的评价标准

在分级教学模式下，不同级别应采用不同难度的试卷，这就很容易造成一种不良现象即英语水平高的学习者所取得的英语成绩竟然低于部分水平低的学习者。因此，为提高评价的科学性，可采取以下两种措施。

第一，采取总结性评价与形成性评价相结合的方式来确定最终成绩，具体办法是增加平时表现在总评成绩中的比重。

第二，根据各级别试卷的难度设定一个科学的系数，通过加权算法从宏观上调整两个级别的分数。

5.尽量避免负面影响

任何事物都是优势与缺陷的集合体，分级教学模式也不例外。作为英语教学改革中的新生事物，分级教学模式不可避免地会带来一些负面影响，如操作过程较为复杂、考勤管理较为烦琐、学习者产生不良情绪、班级归属感低等。这些问题不及时解决，会对分级教学模式的推进带来阻碍。因此，教育管理者需要制定相应的制度规范并根据遇到的问题及时调整，从而将分级教学模式的不良影响控制在最小范围，将其优势最大限度地发挥出来。

（四）分级教学应注意的问题

教师在实施分级教学时应注意以下几个问题。

1. 教学观念要正确

建立优秀的教育教学模式需要长时间的沉淀与实践，不可急于求成，一蹴而就。如果教师能在这个变化的过程中保持不放弃，持续地总结、反思并实践，那么就可建立一种有效且成熟的教学模式，不断进行完善与提升。

2. 具备较强的教学组织能力

分级教学需要教师在课堂上发掘优秀学生的潜力，提高他们的学习效果，同时也要增加后进生的参与度，促进其学习进程。除了讲解，教师在分级教学的课堂中还需引入小组活动。因而，教师需在实际操作中增强课堂目标的设定和教学组织的才干。否则，如果只关注某一类学生，那么可能会忽略其他学生，影响课堂效果。

3. 充分考虑学生的差异

分级教学的终极目标是让每个学生都能得到最大发展，强调不同层次的学生都能获得成功的体验。因此，教师必须关注每一个学生，不能只把注意力放在优秀学生身上，而把其他学生当成负担。不能仅仅注重对落后生基础知识的训练，而忽略了发掘优秀生的能力。为了确保课堂教学的有效性，教师需要认真思考学生的个体差异和学习能力，明确教学目标并采用适宜的课堂教学策略。

4. 加强对学生的心理辅导

无论是表现优异的学生还是成绩较差的学生，他们都具备敏感性。学生能够明显感觉到教师教学方式和态度对自己的影响，因此，教师在进行分级教学时应该注意不要增加学生的心理压力。因为层次不同的学生对教学目标的理解有所差异，所以在分级教学中，需要采用多样化的教学方法。作为教师，我们需要特别注意学生的心理变化，特别是关注那些学习进度较慢的学生。当教师察觉到学生陷入焦虑、自卑和反叛等消极情绪时，应立即通过心理疏导和调整教学方法等手段帮助学生克服这些情绪障碍。

教师需要掌握一种高超的分级教学技巧，既要在课堂教学、作业安排以及评价方式等方面进行，又要在不引起学生注意的情况下，用关爱和耐心来激发学生的求知欲和探究精神。这对教师而言无疑是一项极具挑战性的任务。

第三章　英语教学内容

在英语课堂中教学内容是重中之重，本章为英语教学内容，对英语教学中的具体内容进行介绍。分别从英语词汇教学、英语语法教学、英语听力教学、英语口语教学和英语阅读教学五个方面进行介绍。

第一节　英语词汇教学

一、英语词汇教学的主要内容

英语词汇教学的主要内容是什么？在一般的英语教学实践中，词汇教学主要包括有关词形、词义、单词发音和用法的讲解、操练等活动。也就是说词汇教学就是为了帮助学生认识、了解和掌握目标单词的词形、词义、发音、用法等。

（一）词汇意义

由于母语与目标语之间存在较大的差别，从语义角度上看，一些词汇的含义就其内涵、外延而言在两种语言中有着不同之处。词汇教学的首要任务就是让学生知道所学单词的意思。

一个单词的意义往往离不开语境，特别是在课文中，是受上下文制约的，教师应通过各种手段使学生了解语义和语境之间的关系。

例如：make up 编造；组成；化妆；

make a difference 有影响；起（重要）作用；

make a face 做鬼脸；

make a promise 答应；允诺；

make off 逃走；逃跑。

以上都是由 make 构成的词组，然而与不同的单词搭配，在不同的语境中有不同的含义。所以，教师应使学生明白：单词是没有固定含义的，单词的含义要根据具体的语境来判断。

英语中一些近义词意义的辨析，对学生来讲是非常困难的，教师帮助学生辨析这些词义也是词汇教学的一个重要任务。如汉语的“战斗”可以用英文 fight、battle、struggle、war、campaign、combat 等表示，这些词意义相近，但是词形和具体用法又各有不同，较难辨析。教师在教学过程中可教给学生一些同义词、近义词辨析的技巧。

（二）词汇场合

不同的词汇用于不同的场合，同一词汇在不同的场合中意义也不同。例如，我们常用 hot 形容温度很高，天气很热，但在“When things got too hot most journalists left the area.”中，hot 的意思是艰难的、棘手的、危险的。

（三）词汇信息

词汇信息主要包括词类、前缀、后缀、发音和拼写等。这些是学生应该掌握的最基本的词汇内容，掌握这些内容有助于学生正确理解词汇意义，有助于学生了解词类的构成方法，有助于学生记住一类词的拼写。例如，常见的前缀有 de-，dis-，en- 等，常用的后缀有 -able，-acity，-ing 等，这些词语的前缀、后缀可以和很多词语组合成为意义不同的新词。

（四）词汇用法

词汇用法就是各类词的不同用法，如名词的可数和不可数，动词的及物和不及物，及物动词应接什么样的宾语等。

二、英语词汇教学中存在的问题

（一）学生方面

许多学生把大量的时间花费在词汇背诵上，盲目地背诵词汇，不仅学习效率低，所达到的学习效果也不好。有些学生背单词时不留意单词之间的衔接和上下文的内容，只记住单词的一个或两个中文意思，不知道其固定搭配习语和常用表达，结果只能读懂文章，而在写作或口语中不知用哪个词更准确更地道。学生应该明白，单词的意义其实是从完整的语句中获取的，即使机械记忆的单词量再大，如果不能通读文章，从全文的角度去理解，也无法真正提高外语水平，因此，学生需要学会一些有效的词汇学习方法。除了掌握词汇的基础知识，还需要能够灵活运用上下文来正确理解单词的含义，深刻理解其相关的内涵、文体、情感和搭配等方面。

（二）教师方面

教师要转变自己的教学思想，不要觉得学习和记忆词汇只是学生的事。许多教师在讲解课文时，重视句子和篇章的讲解，即便是拿出课堂时间讲授单词，也只是停留在单词读音、基本用法等表层，对词语缺乏系统、深入的讲解，也不会帮助学生形成适合自己的、行之有效的单词记忆方法。教学实践证明，教师联系语境进行词汇教学，往往能产生事半功倍的效果。

三、英语词汇教学研究

（一）基于元认知理论的词汇教学

1. 丰富元认知词汇知识

（1）个体元认知词汇知识

在词汇教学中，教师应引导学生了解自己的认知能力和特点。记忆对词汇学习非常重要。根据认知加工层次理论可知，单个单词可以在形式和语义的浅层和深层进行加工。记忆痕迹的持久性与加工深度有关，即加工深度越深，记忆效果越好。只有那些经过更为复杂和深入的认知分析的产品才能轻松提炼存储，是输入刺激和原始经验之间的关联、具体化和抽象的过程。在词汇教学中教师应引导学生进行语义加工，如激活同义词、反义词及其相关的词语搭配形成语义网络，利用已有的知识、经验和能力积极构建知识体系。

（2）任务元认知词汇知识

在研究词汇知识时，有学者提出学习者必须了解目标词的词形、句法约束搭配、语用功能和词义，才能全面掌握一个词。作者认为，新词语的教学可以从三个维度进行：词形、词义和词义关系。词汇不仅包括单词，还包括词汇短语。词汇短语是一种词汇，是一些长度不同的语言片段。词汇短语应该是词汇教学的中心。

（3）策略元认知词汇知识

在教学过程中，教师应及时教授词汇学习策略，帮助学生找到合适的词汇学习策略，运用记忆策略和元认知策略来学习、使用词汇。词汇学习策略的掌握和运用有利于学生词汇能力的发展。为了使学生在词汇学习中有效使用各种词汇学习策略，教师不仅要教会学生什么是策略以及如何使用策略，还要教会学生如何更有效地使用策略。例如，猜测词义是词汇学习中的一种常见策略。在教学中，教师可通过上下文线索、构词法等来引导学生猜测词义。

2. 强化元认知词汇体验

元认知词汇体验贯穿整个认知活动，教师应该帮助学生制定和确立短期和长期的词汇学习目标和计划。在词汇学习中，学生常常因为忘记或不能自由使用词汇而感到焦虑。教师不仅要注重词汇知识的输入，还要通过各种教学活动激活学生已有的词汇知识，不断加强新旧知识的联系，让学生通过大脑已有的知识结构来重构新知识。例如，让学生根据主题进行单词联想，形成一个相互关联的语义场，鼓励学生在交流活动中使用词汇，如复述阅读文章等。

3. 加强元认知词汇监控

学习过程不仅是一个识别、加工和理解学习材料的认知过程，也是一个主动监控和调节学习过程的元认知过程。学习能力不仅体现在对所学材料的感知、记忆、理解、想象和思考上，还体现在对上述活动的积极监控和调节上，监控和评估词汇学习的全过程也是元认知的核心作用。在词汇学习过程中，学生要学会及时体验、评价和反馈各种学习情况，自觉评价自己对词汇知识的掌握情况，及时发现问题，不断纠正错误，并将自己的思维活动调整到最佳状态，从而有效地实现预定的目标。

元认知词汇监控过程具体包括：教师应指导学生制订具体的词汇学习计划，包括词汇选择、时间安排、采用的策略等；然后让学生根据既定的计划朝着既定的目标积极发展。

（二）基于自我效能理论的词汇教学

社会学习理论的创始人阿尔伯特·班杜拉（Albert Bandura）从社会学习的观点出发，在 1977 年提出了自我效能理论，用以解释在特殊情境下动机产生的原因。[①] 自我效能感是个人对自己完成某方面工作能力的主观评估，评估的结果如何，将直接影响到一个人的行为动机。自我效能理论是指人们对成功完成特定任务的能力的认知判断和信念。自我效能理论强调主体基于认知的内部因素对心理活动的影响，强调主体在思维和行为上的主动性的重要性。自我效能理论一经提出，就激发了动机心理学家的极大兴趣。自我效能理论已广泛应用于学校教育、

① 杨孟．自我效能理论在英语词汇教学中的应用研究 [J]. 课程教育研究，2017（45）：130—131.

卫生等领域，具有很强的实用价值。学生自我效能感是在学校教育领域的主要应用。它是学生完成相关活动和任务的自我效能感，表现为学业自我效能感、认知自我效能感和自我调节自我效能感。

自我效能感对学习者的学习有着重要影响，那么教师就可以通过增强学生英语学习的自我效能感来促进其对词汇的学习。可以从以下五个方面入手。

1. 体验词汇学习的成功

不少学生之所以对英语词汇学习不感兴趣是因为很难体验到英语词汇学习的成功。因此，英语词汇教学应实施成功教育，使学生体验成功，增强自我效能感。在英语教学过程中，教师首先要根据学生的能力水平和个体差异设定不同的难度目标。课堂上设定的目标应该能被大多数学生达到，并且初始目标必须是容易实现的，这样，学生才能有更多的机会体验成功。其次，要形成灵活多样的评价机制。在评价学生的英语词汇学习时，教师不仅要关注词汇的数量，还要关注词汇的质量。最后，教师应该对学生的词汇学习给予反馈，如果学生在英语词汇学习方面取得成功，教师应及时给予肯定和表扬。

2. 提供词汇学习的榜样

教师可为学生提供英语学习的榜样，以提高学生英语词汇学习的自我效能感。在英语词汇教学中可以以教师为榜样。英语教师要树立正确的词汇学习态度，展现出对英语词汇学习的自信和兴趣，并要与学生建立良好的师生关系。为了充分发挥教师的积极影响，教师还要注重与学生的心理交流。

3. 学生对词汇学习的合理归因

归因是指人们对他人或自己行为原因的推论过程。美国心理学家韦纳(Weiner) 指出，人们对自己行为结果的归因有三个维度：内部归因和外部归因，稳定性归因和非稳定性归因，可控制归因和不可控制归因。

内因，指存在于个体内部的原因，如人格、品质、动机、态度、情绪、心境以及努力程度等个人因素。如将行为归因于个人特征，称之为内部归因。外因，是指行为或事件发生的外部条件，包括背景、机遇、他人影响、工作任务难度等。如果将行为原因归于外部条件，称之为外部归因或情境归因。结果的不同归因将直接影响人们的自我效能判断和未来行为倾向。[①] 一般来说，将成功归因于能力或努力有助于提高自我效能感，而将失败归因于努力不足或其他外部原因并不会降低自我效能感。因此，在英语词汇教学中，教师应引导学生做好归因，将英语

① 黄荣．归因理论在初中英语词汇教学中的应用研究[D]. 青海：青海师范大学，2023.

词汇学习的成功归因于能力或努力，将失败归因于努力不足或外部因素。最好引导学生将学习的成功和失败归因于内部可控因素，即努力。这有助于学生从自己身上找到原因，增加或不减少他们对成功的期望，从而提高他们的自我效能感。

4. 有效的词汇学习激励

积极反馈是提高英语学习自我效能感的重要条件。因此，英语教师首先应该尊重学生，让他们意识到这一点。这不仅可以激发学生学习词汇的兴趣，也会影响学生的自我评价。一些特殊专业（如音乐、体育、美术）或敏感学生对此特别关注。无论任何时候面对怎样的学生，教师都应尊重学生。其次，教师应肯定、鼓励学生良好的英语词汇学习行为。教师应积极关注学生的词汇学习进度，给予必要的鼓励。对学生来说，精神或心理上的鼓励更有效。最后，教师的反馈应该及时。及时的反馈能够帮助学生意识到自身行为与词汇学习结果之间的关系，进而提高英语学习的自我效能感。

5. 营造良好的词汇学习氛围

情绪状态会影响学生英语词汇学习的自我效能感。紧张的情绪状态或不良的生理状态不利于学生正确判断自己的能力。为了在大学英语词汇教学中取得实效，必须保证学生具备良好的情感状态和生理状态。大学英语教师应与学生建立良好的关系，精心设计课堂教学环节，营造积极轻松的课堂学习氛围，使学生保持良好的情绪状态和生理状态。

（三）基于任务型教学法的词汇教学

1. 任务型教学法的理论基础

任务型教学关注学生的内在需求，认为学习是满足个体内在需求的过程，着重强调教育目标的情感价值，让学生在认知、情感和技能方面达到均衡发展。这个理论强调在教学中满足学生基本心理需求的重要性，尤其是归属感和影响力，这些需求涉及较深的情感层面。它着重于为教学创造条件，通过完成任务以满足学生对归属感和影响力的需求，让学生感到学习是有意义的，从而激发学生的兴趣和能动性，达到更好的学习效果。在任务型教学中，教学过程注重情感因素的引导和融入，以营造积极的学习氛围。通常来说，教学活动的核心在于“任务”，这个任务可以分为两种类型，即“教学任务”和“现实生活任务”。第一个是一种以功能为导向的教学活动，旨在学习语言知识，如听、说、读、写等方面。另一个含义是，通过教授英语，让学生能够在日常生活、学习和工作中直接使用英语，提高他们的英语应用技能。

相比传统教学法，任务型教学法更加强调信息交流、真实活动和充分参与。一些学者认为，一个全面的教学任务应该具备以下五个方面的要素：设定任务目标、收集任务所需的教学材料、设计多项材料相关的活动、明确教师和学生的角色职责、明确任务的执行环境。学生通过互相交流合作完成任务，从而获取语言能力。

作为一种教学方法，任务型教学的特点至少有以下两个：它将任务置于核心地位，而不是仅仅为了练习某种语言形式而教学；任务的核心在于解决实际的社交难题，这个难题必须与现实世界密切相关，具体明晰，并且与学生的日常生活、学业和社交息息相关。这样做可以激发学生的兴趣和参与热情。在任务型语言教学中，教师应该以学生为主导，规划教学活动，确立明确的学习目标，并创建一个逐步增加难度、内容有机衔接的学习活动顺序，以促进学生的学习。教师设置不同的“任务”，让学生通过探究和思考获取新知识和得出结论。这样的做法帮助学生将学习重心从纯粹的语言学习转移到语言应用上，最终达到熟练运用语言的目的。

2. 任务型教学法在词汇教学中运用的可行性

学生通过对自己的学习过程进行反思和调整来不断提高学习效果。换句话说，学生学习英语不仅需要不断地完成课堂任务，还需要在学习过程中反思和调整自己的学习方法，以便更加高效地掌握所学知识。此外，学生在完成任务时持续地展现出他们所掌握的知识和技能。在这个过程中，学生逐渐培养并完善了自己的主体性。因此，任务型教学是最佳选择，它能够有效地改变以教师讲授为主，学生很少有机会用目标语言进行交流的教学现状，同时还能充分发挥学生的积极性。从实践经验上看，以任务为媒介进行词汇教学是一种非常有效的策略。

3. 任务型词汇教学设计原则

学生需要精通听、说、读、写和翻译五项技能，因此词汇的掌握是必不可少的，因为这些技能都涉及词汇。在词汇教学方面，教师需要清楚地确定教学目标和教学方法，这是确保词汇教学能够产生预期效果的必要条件。任务型教学方式充分发挥了这种优势。教师能够采用多种任务，将词汇教学融入其中，帮助学生在任务中使用他们已经学过的词汇进行互动和讨论，同时也在互动中学习新的单词，使学生欣然享受学习单词的过程。总体而言，词汇教学应该遵循如下几个准则。

(1) 以学生为主体

教师在设计教学活动时，要时刻谨记以培养学生词汇运用能力为宗旨。教师可根据学生的年龄特征、认知结构以及生活经验等选择活动主题，通过教学内容来促进学生的学习。

（2）言语、情境的真实性

任务的设计应以实际应用为出发点，给学生提供明确、真实的语言信息。语言情境、语言形式要符合交际的功能和规律，反映学生的现实生活，使学生在一种自然、真实的情境中体会和掌握词汇。

（3）阶梯形任务链

任务的设计应从易到难，层层深入，形成从初级任务到高级任务的阶梯形任务链。高级任务涵盖主要任务，并形成由多个微观任务组成的任务链。教师应该先输入后输出，遵循听、读、说、写的设计顺序，循序渐进地设计任务，使学生体会和掌握词汇。

（4）在做中学

在教学中教师通过多种方式让学生在实际任务中完成对所学词汇的理解和掌握，并积累学习经验。在完成任务的过程中，学生除了学习词汇的相关知识外，还能增加对自然科学和人文科学知识的了解。

4. 任务型教学法词汇教学策略

教师采用任务型词汇教学策略的关键在于设计出符合学生实际的各项任务。任务需要在可行性和实际意义之间找到平衡点，需要让学生在能力范围内获得成功的乐趣，同时也让他们经历一些挑战与失败的挫折。这样便能够激发学生的求知欲，增强他们的求学意愿，并发掘他们的潜藏智力，引导他们成长为自主学习者。详细来说，任务设计应该涵盖以下几个阶段。

（1）准备阶段

教师需要在上课之前思考教学目标，找到相关的话题来引入课程内容，并设计具有吸引力的开端，同时为后续教学任务做好充分准备，然后开始准备教材中需要用到的词汇。教师可以使用视听设备让学生通过跟读、复读和大声朗读，对生词的声音、形式和意义建立初步印象，以便学生在听到或想说单词时能够迅速作出反应。

一旦学生掌握了所提供的词汇，教师就可以安排并指派任务。不过需要特别留意的是，必须根据学生个体化的情况，采用灵活、以人为本的方式来设计、选择和执行任务。在实际教学中，教师可以根据教学目标和内容的不同采用多种任务形式来教学，或者将不同的任务形式结合在一起，例如单词串联、故事接龙、自编对话、奇思妙想记单词等。为了增进学生之间的互动和竞争，教师可以根据任务的不同和预期效果，将学生分成若干组，并且明确给定任务要求和规则，这是为了更加高效地完成任务和实现相应的教学目标。

（2）任务实施

在任务型教学中，任务实施是一个至关重要的步骤。学生应该在掌握所提供的基本词汇后，积极主动地与同学交流，进一步完善他们的词汇知识并建立新的词汇体系。这样做可以彻底改变学习方式，让学习变得更加积极主动。实践表明，对学生的学习来说，动手和动脑是最为有效的方式。在实施任务时，教师需转变角色，不再是传统的知识传授者，而是变成任务的组织者和活动的监督者。同时，教师需鼓励并指导学生圆满地完成任务，并在必要的情况下及时提供词汇学习上的支持。

（3）任务结束及评价

任务设计的目的是促进学生的词汇能力的教学，激发他们学习词汇的兴趣和热情，从而提高他们的词汇学习效率。因而，教师可以通过组织互相评价和特定测试的方式来帮助学生及时发现和解决任务中存在的问题，而不改变任务的实质。及时纠正学生的错误，向他们提供有针对性且积极的反馈，以帮助他们更好地掌握和记忆单词。

5. 任务型词汇教学策略的反思

实践证明，任务型教学策略对词汇教学有一定的成效，但是仍然存在一些问题。目前大多数的英语课堂人数较多，任务活动难以顾及所有学生。此外，任务型教学策略对自主学习能力强的学生帮助更大一些，对于自主学习能力弱的学生效果一般。这意味着教师需要精心设计英语词汇教学，在激发学生的学习兴趣和积极性方面下足功夫，并确保所有学生都能融入课堂任务中去。任务型教学策略可以培养学生的自主学习能力，使他们从被动吸收知识转变为主动实践。这种策略可以通过给学生提出现实问题，让他们自己寻找解决方法来激发他们的主动性，同时还可以建立一系列的任务，让学生在完成任务的过程中不断地探究和发现其中的知识，从而使学生能够提高自主学习的能力。

（四）基于交际教学法的词汇教学

要培养扎实的交际能力，首先应该积累足够庞大的词汇量——如果连基本的词汇都难以理解，更复杂的句子和语境当然也无从谈起了。很多语言学者都认同这样一点：交际能力的核心是语言能力，语言能力的核心正是词汇量，因为词汇是表达特定观念、情感和意图的基本单位。具备较大的词汇量可以帮助人们更准确地描述自己的感受、经历和想法，同时也有助于提高听觉理解能力，如此才能听懂他人的言语，才能读懂文章，才能表达自己的思想，也才能在交际中得心应手。人们在交际中面临的障碍大多是由词汇不足造成的，但是要提高学生使用词汇的能力，还需使学生在交际中学习词汇。

1. 创设英语角进行交际来学习词汇

提高学生英语词汇能力不能仅仅局限于课堂教学，应尽可能地增加学生运用英语交流的机会，因此教师应引导学生经常开展英语角课外实践活动，或利用假期开展一些英语集体活动。

（1）师生英语交际

师生英语交际就是传授者与学习者之间的语言交际，英语教学过程是一个师生双边积极主动交流信息的过程。在教学过程中，要创设语言环境。教师尽可能用浅易的英语对学生进行指导和讲解，要求学生尽量用学过的英语与自己进行交流。

（2）对话交际

对话交际就是学习者与说话对象进行语言交际。课堂与课外的对话是培养学生熟练运用英语词汇的有效形式。因此，在教学中，教师要尽量运用学生学过的对话形式，为学生创造进行英语交流的机会。根据不同情境和话题，教师可以设置一对一问答、小组讨论、角色扮演、分组竞赛等交际活动。总而言之，教师可以用不同方式训练学生，使学生能正确、熟练地使用英语词汇，这样既有助于学生巩固新知，又激发了学生的竞争意识和参与意识。

对话交际的核心是通过一定的方式，将各种词汇学习内容转化为丰富多彩的交际活动。对话交际要求教师在课堂上创设生动活泼、直观形象的交际情境，从而激发学生的学习兴趣，使学生在具体而富有感染力的情境中进行语言交际。

2. 利用多媒体进行交际来学习词汇

语言的交际必须在一定的语言环境中进行。学生好奇心强、乐于接受新鲜事物，因此采用多媒体手段创设真实交际情境能够激发学生使用目标词汇的兴趣。例如，学习“Halloween”（万圣节前夕）一词时，教师可利用多媒体营造节日气氛，让学生观看装扮成各种可爱鬼怪的小孩、南瓜灯等图片，或者播放万圣节相关的视频，以激发学生学习的主动性和积极性。在这样的情境中，学生往往会自觉地进行视、听、说的练习，主动参与口语实践，这不但增加了学生的词汇量，而且有助于学生跨文化意识的培养。

3. 创设游戏情境进行交际来学习词汇

游戏是调动学生积极性、活跃教学氛围的有效方式之一。在游戏性的场景中，学生不会像在常规课堂上一样严肃压抑，能够在相对轻松自然、模拟现实交流场合的对话中练习词汇和语句，更加充分地发挥学习主动性，在游戏中锻炼视、听、说的素质。例如，在以食物为话题的单词竞猜游戏中，教师可指定一名学生说出一个与食物有关的单词，并给出一条提示，如“I’ m thinking of something to eat.”。然后，让其他学生通过问问题的方式来猜测该生所要提及的单词，如询问“Is it meat，vegetable or fruit？”。最后，让被指定的学生给出简短的答案，如“Fruit.”。之后，教师可再依次指定几个学生重复此过程。在游戏过程中，每个学生均可自由提问，直到猜出此词。

当然，通过交际策略学习词汇的具体方式不胜枚举，在这里就不一一列出了。但不论何种交际手段，都必须有平等开放的师生关系，将学生作为所有课堂活动的主体，让学生尽可能发挥自己的主动性。在语言教学中，要创造理想的对话情境，教师与学生之间应该建立一种平等对话的关系，让整个课堂的交流氛围更加自然。学生在和谐互动的师生关系中会放下自己的紧张情绪，投入更加饱满的状态，发挥学习的热情，使教学取得更好的效果。在游戏情境的交际过程中，教师应注意以下几点。

（1）不要有错必纠

学生在进行交际时，难免会出现一些错误，教师对错误的纠正要讲究方法，不要有错必纠，这样不但会打断学生的思路、影响表达，还可能挫伤学生的自尊心，打击学生学习的积极性。但这并不意味着教师对学生的错误放任不管。教师应在学生交流结束后，指出并纠正严重影响学生交流的错误、重复性的错误等，让学生有重点地改正错误。此外，教师纠正学生错误时应注意自己的态度。教师鼓励、宽容的态度往往是学生积极主动学习词汇的助推器，能使学生增强信心和动力。

（2）设计交际活动要难易适度

交际的目的是让学生能够在语境中较为轻松地掌握所学词汇的内涵、外延。所以，在设计课堂交流活动时，教师要使每个学生都具有明确的课堂目标、表达愿望的目的，赋予学生学习的信心，相信自己能够清楚无误地表达关键信息。当然这一点要求教师考虑学生的实际水平和认知能力，选择难易度适中的交流话题，如果交际情境设置过难或选择的话题难以引起学生共鸣，往往很难实现教学目标。

（3）避免同时教授一对反义生词

有些教师为了锻炼学生举一反三的延伸能力，会在教授学生词汇时专门列举一些反义词。但是，这样反而有可能使学生日后混淆词义，因为人的记忆空间是有限的，即使课上能很快记住词汇，课下不有意识地应用的话，也会很快遗忘或混淆。因此，同时教授一对均为生词的反义词是不明智的做法。但当反义词中的一个是学生耳熟能详的词汇时，则另当别论。此外，对于多义词或兼类词，教师也应尽量避免同时教授。

4. 利用词汇进行跨文化意识培养

语言的学习实际上也是一种社会文化的学习，词汇作为语言的基本单位也具有承载文化的特点。由于不同的历史、习俗、文化等原因，汉语与英语之间有不少文化障碍，如缺乏词汇对等性、缺乏习语对等性、缺乏经验对等性等。缺乏词汇对等性表现为英文中的一些词汇是由其国家或民族的特点和历史原因造成的，而在中国并没有此类事物，反之亦然。如“motel”（汽车旅馆）和“hippy”（嬉皮），再如中国的“麻将”，在对方语境中原来都是不存在的。缺乏习语对等性，如“The old man kicked the bucket.”，如果不了解英语文化的人会将其翻译为“一个老人踢了一个桶”，而实际上它的意思为“这个老人过世了”。缺乏经验对等性是指一个文化下存在的事物在另一个文化下完全没有，因为该文化下的人根本没听过或没经历过另一文化下的事物，导致交流障碍或理解错误，如当中国人和一个不了解中国文化的外国人说“相声”或者“二人转”时，在不解释的前提下外国人很难明白该词汇的含义。所以，教师不应该单纯教授语法知识，更应该专门帮学生分析与交际内容有关的文化背景常识（要想做到这一点，教师自己首先应该接触过一定的外语文化环境）。如果学生实在无法理解，教师还可以列举一些类似的母语情境，让学生通过比较想象理解语义。这样一来，学生不仅能够对语言交际产生更为全面的理解，也能更加深入地理解其他国家的语言文化，逐渐树立跨文化交际的意识，这种意识是语言学习的关键。当然，面对这种巨大的东西方差异，教师可以借助词汇交际平台拓宽学生的文化视野，也可以文化差异为话题展开词汇教学。

考虑到语言能力之于交际能力的关键意义，以及词汇运用之于语言能力的关键意义，大学英语词汇教学应该从交际出发，并引出词汇背后的文化意义。教师也应该有意识地通过词汇教学促进学生语言沟通能力、听觉理解能力的发展，使学生自然而然地使用所学词汇表达他们的思想、态度、观点等。为了达到这一目的，教师要考虑课堂环境和教学氛围，使学生敢于表达自己的观点，呈现积极的学习态度和学习愿望，使学生扩大词汇量，从而促进学生听、说、读、写、译技能的全面提高。

第二节 英语语法教学

一、英语语法教学基础

（一）语法和语法能力

语法与词汇一起构成了语言的基础，有着很强的稳定性，变化十分缓慢，语法所涉及的范围十分广泛，而且不同的学者对语法有着不同的看法。总体而言，语法实际上就是语言的组织规律，是人们组词成句，赋予语言意义并使用语言进行交际的一套规则。由此可见，语法是语言交际的重要规则，对交际起着重要的作用，如果忽视语法，那么交际必会受到影响。英语语法教学的主要目的就是提升学生的语法能力，从而使学生可以有效地进行交际。

语言能力包含语言知识和语言运用两个方面，也就是既具有对语言自主规律性知识的掌握，又有能够操作语言进行输出，实现交际的能力。笔者认为，学生的英语语法能力包括掌握语法知识以及准确、恰当、得体地使用语法的能力。所以，学生英语综合运用能力的提升离不开对语法知识的掌握。

（二）语法学习的影响因素

英语语法学习对于学生英语综合运用能力的提升、跨文化交际能力的培养至关重要，但英语语法学习又受多种因素的影响。影响英语语法学习的因素主要有以下几个。

1．母语

学生在学习外语的语法系统时会受其母语语法系统的影响。英、汉两种语言分属不同的语系，各方面的差别都很大。以汉语为母语的学生学习英语时很容易受到固有语言思维的影响，既有积极的影响，也有消极的影响。因此，学生应注意英汉语言各自的语法体系及其特点，尽量消除汉语语法系统的消极影响，合理利用汉语语法系统的积极影响。

2．年龄

学生的年龄也是影响其英语学习的因素之一。一般而言，年龄较小的学生学习语法时，多采用感性学习模式。年龄较小的学生，往往依赖于直接的语言接触来学习英语。相较于年龄较大的学生而言，年龄较小的学生更擅长背诵和记忆。而年龄较大的学生在学习英语语法时更倾向于采用显性的学习方法，也就是我们经常说的理性学习模式。年龄较大的学生习惯于用逻辑思维的方法来应对语法学习，通过对各种语法现象的剖析以及大量的练习来掌握系统的语法知识，最终获得熟练应用外语语法的能力。

3. 语言接触

语言接触指的是与目标语言接触时间的长短，这对该语言的语法教学有着重要的影响。相比较而言学生在所学语言的环境下学习英语，要远比在母语环境下学习英语容易得多，进步也快得多。我国的学生除了在课堂上接触英语外，在平时的学习、生活中极少有机会接触英语，这极大地限制了学生的英语学习，也限制了学生对英语语法的学习。

4. 动机

动机是影响学习者语法学习的又一重要因素。学生只有有学习英语的动机，学习热情才会持久。学生学习语法的一种动机是应对简单的交际，另一种是以融入目标语文化为目的。

拥有不同的动机，学生学习语法的态度不同，学习语法的方法也不同。如果学生学习语法的动机是实现成功交际，那么学生对语法学习的要求就会相对较低。在使用语言的过程中，他们往往只关注交际是否能够顺利实现，而不会过分关注语法的正确与否，更不会关注语言结构是否优美。相反，如果学生学习语法是出于融入目标语文化的动机，那么学生对语法学习的要求就会很高。这类学生一般追求语言的尽善尽美，较为关注语法使用是否正确、结构是否优美等。

5. 语感能力

语感是指对语言的感知。它是一种特殊的语言感受，是人与生俱来或后天习得的。人对语言的天然亲和力、吸收能力、模仿能力、应用能力和灵感创造力都是语感的表现。每个人都拥有语感潜能，但是程度和开发度也不同。语感能力是影响学生语法学习的重要因素。学生对英语的语感能力强，语法学习就会比较顺利。

6. 认同程度

所谓认同程度，是指学生对所学语言文化的情感态度。换言之，学生对所学语言文化是持认同、接受、欢迎、欣赏等积极的情感态度，还是持反对、轻视、抵触、厌烦等消极的情感态度。前者能够促进语言学习，后者则会起反作用。因此，在英语语法教学中教师应引导学生培养对英语文化的认同感，从而促进学生的语法学习。

（三）语法教学的目标

1. 入学要求

能识别词类。区分名词的可数性和不可数性，区分可数名词的单、复数形式。基本掌握各种代词的形式与用法、基数词和序数词，常用介词和连词、形容词和副词的句法功能、比较级和最高级的构成及基本句型、冠词的一般用法。了解动词的主要种类、时态、语态及不定式和分词的基本用法，句子的种类，基本句型和基本构词法。

2. 二级要求

掌握主谓一致关系表语从句、宾语从句、定语从句和状语从句等句型，直接引语和间接引语的用法，动词不定式和分词的用法，各种时态、主动语态、被动语态和构词法。

3. 四级要求

熟练掌握主语从句、同位语从句、倒装句和各种条件句。初步掌握句子之间和段落之间的衔接手段。

4. 六级要求

较好地掌握句子之间和段落之间的衔接手段，如照应、省略、替代等。

5. 八级要求

较好地掌握句子之间和段落之间的衔接手段，如照应、省略、替代等。熟练地使用各种衔接手段，连贯地表达思想。

二、语法教学的内容

（一）词法和句法

初级阶段的语法教学内容包括词法和句法两部分，词法可进一步分为构词法和词类。构词法是专门研究词形变化现象和规则的学问。构词法主要有合成法、转化法、派生法、混成法、截短法和词首字母缩略法等。句子是由单词构成，英语单词根据词义及在句子中的作用划分为以下十二类：名词、动词、形容词、副词、介词、代词、数词、量词、连词、感叹词、疑问词和冠词。

句法是研究句子的各个组成部分和它们的排列顺序的，句法研究的对象是句子。句法可以分为三大部分，即句子成分、句子类型和标点符号。句子成分是指单词、词组或短语在句子中所起的作用或功能，主要包括主语、谓语、宾语、表语、定语、状语、同位语、独立成分。依据不同的分类标准，我们可以将句子分为不同的类型。按目的划分，句子可分为陈述句、疑问句、祈使句、感叹句等；按结构划分，句子可分为简单句、复合句和并列句。主句、从句、省略句等也是与句子有关的内容。句法学习的内容还包括了标点符号。此外，词组的分类、功能、不规则动词等也属于句法的学习内容。

由于英语词法和句法知识具有零散性，因此教师在语法教学时要注重体系和系统。

（二）章法

学生学习了一段时间的词法和句法，掌握了基本的语法知识后，就可以进行章法的学习。章法的教学内容主要涉及句子之间的逻辑关系、篇章的结构逻辑等。例如，表示比较对照的词语，如“by contrast、by comparison、unlike”等，表示程序的词语，如“first、second、then、finally”等，都属于章法的范畴。英语语法的内容十分复杂，这也是语法学习和使用中最困难的地方。因此，英语语法教学应该有一个核心，这个核心是语法知识和技巧发展的基点。

三、英语语法教学的原则

（一）真实性原则

根据认知心理学的研究，当输入大脑中的信息具有趣味性、实用性并与日常生活相联系时，那么人就会产生兴奋的情感，在进行输出活动时思维和行动就会比较活跃。所以，生动、真实的学习情境有助于学生快速接收信息，并能激发学生学习的积极性和主动性。因此，在英语语法教学中，教师应根据教学和学生的需要设计真实的交际任务和互动活动，这样学生可以在活动中直接感受语法。对学生而言，语法不再是一些抽象的规则，而是真实交际中的一部分。

在设计任务和活动时，教师应注意突出具体的语言形式，提出更高的语言要求，以激活学生的语法能力，而不仅仅是词汇能力。当学生在交际活动中遇到语言形式问题时，教师也可抓住机会开展相应的语言形式教学。基于现实生活的语法教学在激励学生学习上有很明显的作用。因此，在英语教学中，教师应该设计一系列的教学活动，创造适合学生学习的活动环境，把语法知识与现实生活有机地结合起来，使学生能更好地学习语法。

（二）系统性原则

语法是关于语言知识的系统描写，如果学生所掌握的语法知识不够系统则不利于他们对语法知识的理解，也不利于他们对语言的灵活运用。因此，在大学英语语法教学中，教师应遵循系统性原则，引导学生及时总结和归纳语法知识，使之成为系统，使学生了解语法间的关系，从而触类旁通，在头脑中形成完整的语法体系和图式。

在英语语法教学中，教师要突出阶段性和系统性。结束某一阶段的教学后教师就应引导学生全面系统地归纳语法知识，帮助学生建立结构完整的语言体系，让学生在新旧知识之间建立起联系，以已有知识作为新知识的“生长点”去建构新知识，以提高学生的语法能力。

（三）交际原则

语言的功能是交际，所以语法知识的学习、语法能力的提高都是为了交际。在语法教学中，了解语法概念固然重要，但是只读语法书并不能真正了解语法概念，还必须不断地实践，所以学习语法并不是机械死板地背些语法的条条框框，还应在实践中不断运用所学的语法知识。但目前的实际情况是，学生较难将所掌握的语法知识与实际语言使用结合起来，存在学用脱节的问题。对此，在英语语法教学中，教师应把传统的语法知识体系变为语法应用体系，不仅仅教授学生语法知识，还应将语法学习与语法应用结合起来培养学生的语言运用能力和语言交际能力。

（四）循序渐进原则

由认知心理学理论可知，人们对事物本质的认识并不是一次就能实现的，而是要经历一个由低到高、由浅入深、由简单到复杂的不断变化和反复巩固的过程。学生的语法学习也是如此，学生学习语法知识，即便是一个简单的语法知识，也不是一次就能掌握的，而是要经过多个阶段的巩固才能掌握。根据这一规律，教师在语法教学中应由表及里、由浅入深、由一般到特殊，循序渐进地开展语法教学。一个语法项目往往包含很多的内容，教师没有必要将某一语法项目的所有内容一次性都教授给学生，要注意条理性和层次性。此外，教师在教授语法点时要不断地循环往复，这种循环往复并不是简单的重复，而是根据具体情况有变化的重复。语法是抽象的规律，涉及范围较广，学生难以通过教师一两次的讲解就能掌握，而是要经过“认识—理解—掌握—运用”的过程才能真正理解和运用英语语法。

四、英语语法教学中出现的问题

目前，交际教学的理念已被我国外语教学界广泛接受，交际教学法也已广泛应用于我国大部分英语课堂。有些教师认为学生语言交际能力的培养和语法教学并无关系，但交际英语教学其实是可以和语法教学并举的。以下是我国英语教学中存在的一些问题。

（一）教师面对新教材时出现的问题

新教材与传统教材大不相同，它打破了原有的教学体系，使一些教师不知所措。有些老教师依旧遵循传统的教学方法，尽管这些教师基本功十分扎实，但并不能帮学生建立完整的语法知识体系，应用能力自然也无从谈起。部分年轻教师因为经验和技能不足，并且不熟悉新式教材，无法掌握交际教学模式，自然也无法顺利开展教学。

（二）交际法与语法教学的困惑

一些教师无法正确处理交际法与语法教学的关系，只能沿用传统的语法翻译方法，使学生依然处于被动接受的地位；另一些教师则过分强调交际法，甚至不讲解具体的知识点，这使许多学生无法理解交际法教学背后的隐性知识，难以掌握语法知识，无法提高语言应用能力。

五、语法教学模式

一般的英语语法教学都遵循这样一套模式：教师先列举一系列相关的语法现象，帮助学生建立起对不同语法规则的感知和认知。随后在学习过程中鼓励学生主动探索和提问，自己发现并解决问题；在分析阶段，教师负责带领学生总结归纳学习过程中的要点，整理语法知识，使学生的记忆和理解得以系统化；最后，学生在不同的情境中应用所学的语法知识，理解语法规则的实际应用，进而提高语言表达的准确性和流利度。总的来说，这种语法教学模式结合了观察、探索、总结、练习和应用等环节，有助于学生系统地学习和掌握英语语法知识。

常规教学的时间都是有限的，教师需要在一定期限内完成教学任务。而教材内容往往是经过严谨设计的，按照一定的难易程度和递进关系来组织语法内容的，有一定逻辑和系统性。所以，英语教师也会按照教材的安排进行教学，而不是在所有的新语法项目上花费大量时间进行讲解或让学生专门练习。教师应确保学生在一个较长的时间段内接触到相关的语法知识和应用场景，让学生逐步建立起语法知识的基础，并在后续的学习中加以应用。这种循序渐进的教学方式有助于提高学生的学习效果。

一般情况下，归纳法在英语语法教学中更能调动学生积极性，因为它注重实际语言运用、培养学生的思考能力和交际能力，使学生更主动地参与学习，提高他们的语言表达能力。

归纳法注重从例子中总结规律，使学生通过实际语言应用情境来理解语法规则，借助这种方法，学生可以自己分析语法规律，准确掌握学习进度，占据主动地位，从而增加学习动力。归纳法鼓励学生进行综合思考，通过观察不同的语法例子，总结规律并进行推理，这种综合思考的过程可以帮助学生在语法应用中形成自己的语言意识和习惯，从而提高语言运用的能力。

六、语法教学方法

（一）任务型语法教学方法

建构主义学习理论认为学习是学生积极主动地建构知识和理解的过程，而不仅仅是被动接受外界信息的过程。学生基于现有知识和生活、学习经验的指导，和教师、同学互相协助，与他人、外物积极展开互动，通过观察、探索、实践和反思等活动来建构自己的知识体系。建构主义学习理论指出：学习的过程受到情境的影响。学习应该在具有现实意义或情境中发生，使学生能够将知识应用于实际问题和情境中。情境化的学习有助于学生将抽象的知识转化为实际的技能和策略。

在建构主义学习理论的指导下，教师可以采用以下策略来设计英语语法教学。首先，根据学生的语言水平和学习目标，设计一系列与现实生活相关的交际任务，如口语对话、书面写作或听力理解任务等，要求学生在完成任务的过程中正确使用目标语法。教师在每个任务中提供一个学生熟悉的情境，帮助其理解语法内容并产生兴趣；通过一些预热活动，引导学生回顾已学过的语法知识，唤起对相关的词汇及其表达方法的记忆；学生在小组或个人完成任务的过程中，需要运用所学的语法知识进行语言交际。任务完成后，教师与学生进行反馈和讨论。教师可以引导学生共享他们在任务中遇到的困难和解决方法，促进彼此之间的语言交流和互相学习。

（二）探究式语法教学方法

按照建构主义学习理论的观点，只有在学习者主动总结经验、建构知识体系时，学习才是有效的。学习者掌握知识的过程就是对比分析新旧知识经验，更新、补充甚至变革个人知识经验体系的过程。探究式语法教学方法是建构主义学习理论的一种具体应用方式，它强调学习要围绕关键问题，借助科学的研究方式投入实践，让学生重视学习过程中的体验，充分发挥实践能力和创新精神，通过让学生主动地发现和探索语法规则，来促进他们对语法知识的理解和应用。

教师可采用分组学习法，按照本班的实际情况划分学习小组，以准备教授的语法内容为核心，指导学生收集、阅览、筛选、分析相关的语言学资料，小组成员之间充分互动，展开深入交流，交换并借鉴彼此的观点，从而对语言知识点有更加深入全面的掌握。

在教学讲解中，教师应给学生提供一些真实的语言实例，提出一些引导性问题，学生通过观察和分析实例，思考其中存在的语法规律和模式，并共享、讨论他们的发现和思考结果（有条件的话，可以组织小组展示）。教师引导学生将个人的理解与其他同学进行交流，促进彼此之间的互相学习和合作，并适当表扬表现突出的学生。

（三）归纳法语法教学

归纳的意思是“概括”，即从具体知识中总结出具有普适性的规律。归纳法教学的具体做法就是先向学习者展示一些例子，让其从中总结共同的规律，由特殊了解一般。这种方法的好处在于生动具体，不必让学生直接了解抽象的理论，便于知识记忆。学生只要凭借自己的探索总结出了知识规律，就可将其应用于日后各种类型的学习，非常方便。归纳法语法教学的基本步骤是“观察—比较—归纳”，教师先让学生阅读句子，观察语言现象，然后推理分析，反复练习。

然而，归纳法也有弊端，如通常比较费时、创设语境较为困难、学生得出的规律不一定正确等。教师运用归纳法进行语法教学时，须注意这些问题。

（四）情境法语法教学

情境贯穿教育教学的全过程。它不仅指主体的外部环境，也指主体的内部环境，并融入心理学领域。它不仅可以在课堂上创造，还可以让学生感受真实的知识应用场景，凭自己的力量感受、体验、反思。它既能激发学生求知求真，又能陶冶学生的情操，锻炼学生的意志。总之，情境法教育的现状是多元的、多结构的、多功能的。中国学生学习英语最大的困难是缺乏真实的语言环境。因此在英语语法教学中，教师可创设真实的情境，使语法教学更直观、真实、有趣，为了实现这一目标，教师可借助实物展示、图片展示、肢体语言等手段。

第三节　英语听力教学

一、英语听力教学的内容

（一）听力基础知识

1. 语音知识

语音知识是听力的基础。学生对句子的重音、节奏、语调等语音知识的掌握程度直接影响着学生对听力材料的理解程度。由于英汉语言之间存在诸多差异，我国学生在英语听力过程中经常会受母语的影响，因此学生需要具备一定的语音知识才能适应英语的节奏、语调等。汉语的读音是由拼音标出的，英语的读音则不是。

2. 语言知识

语言知识是语言运用能力的重要部分，也是发展语言的技能。语言能力是交际能力发展的基础，学生如果不了解英语句子和语篇的基本结构和特征等知识，就无法理解所听到的内容。学生如果不能根据具体的语言环境、话题、交际对象与目的选择适当的语言表达形式，就无法进行语言交际。因此，语言知识是听力教学的基本内容，掌握语言知识是学生理解听力材料的前提。

3. 语用知识

语用知识是指根据交际意图和环境因素来正确运用语言所应具备的知识。语用知识也是听力教学的重要内容，学生如果缺乏语用知识，会很难理解说话者的真正意图。

（二）听力理解

听力理解内容的讲授旨在提高学生的理解能力，帮助学生理解所听的内容。听力理解既是自下而上的意义解码过程，又是自上而下的意义阐释过程，还是二者相结合的过程。听力理解也是英语听力教学的重要内容。

（三）听力策略

英语听力水平的高低不仅取决于学生掌握的英语基础知识的多少，还取决于学生掌握的听力策略的多少。有时听力材料的信息比较多，学生需要运用自己的知识和策略将材料中的重要信息筛选出来。针对不同的听力材料，教师应该教会学生使用不同的听力策略。听力策略主要包括猜词义、听关键词、听过渡连接词、预测、推断等。掌握正确的听力策略，可以有效提高听力理解的能力。另外，学生应该掌握一定的记笔记技巧，以快速记录有效信息。

（四）交际信息

所谓交际信息，是指谈话中信息的指示语、话题转换的指示语、话题终止的指示语等。交际信息还包括语篇中的逻辑指示语、衔接语等，这是学生理解文章内容和结构的关键，也是帮助学生提高英语听力水平的一个重要因素。在英语交际信息中，语感也非常重要，教师只要能把握学生英语语感的培养，就能够提高学生对听力材料的理解速度。

二、英语听力教学的要求

（一）一般要求

第一，能听懂英语授课。

第二，能听懂日常英语谈话和一般性题材的讲座。

第三，能听懂语速较慢的英语广播和电视节目，并能掌握其中心大意，抓住要点。

第四，能运用基本的听力技巧。

（二）较高要求

第一，能听懂英语谈话和讲座。

第二，能基本听懂题材熟悉、篇幅较长的英语广播和电视节目，能掌握其大意，抓住要点和相关细节。

第三，能基本听懂用英语讲授的专业课程。

（三）更高要求

第一，能基本听懂英语国家的广播和电视节目，并掌握其中心大意，抓住要点。

第二，能听懂英语国家人士正常语速的谈话。

第三，能听懂用英语讲授的专业课程和英语讲座。

三、英语听力教学的原则

在进行英语听力教学时，教师应遵循以下原则。

（一）循序渐进原则

学习并非一蹴而就，而是一个循序渐进的过程。听力学习也是如此。在英语听力教学中，教师应注意循序渐进，针对学生的不同学习阶段选择合适的听力材料，听力材料的难度由易到难，并兼顾多样性以及真实性。

在英语听力教学的初始阶段，教师应选择吐字清晰、语速较慢的材料，避免过度夸张的语音、语调，以免误导学生。听力的内容也应该贴近真实的生活，调动学生听的欲望。随着听力教学的不断深入，教师可以适当提升听力材料的难度，由浅入深地锻炼学生的听力水平。

（二）交际性原则

英语教学的最终目的在于提高学生的英语交际技巧。英语听力教学也应将其作为教学目标，遵循交际性原则。在教学过程中，教师应严于律己，以身作则，更好地引导学生使用英语来交际，这对学生进行听力活动具有积极的意义。

（三）听觉与视觉相结合原则

英语听力教学还应做到听觉与视觉相结合，教师要引导学生注意视觉信息与听觉信息。

1. 引导学生关注视觉信息

在英语听力教学中，教师可以运用图片、图表、文字等工具为学生提供视觉层面的信息。很多人认为，听力理解的信息应是听觉信息，但是那些与听力相关的图片、图表、文字等也有助于学生的听力理解。例如，在英语新闻报道中，电视屏幕下方的新闻关键词对理解新闻信息就起着重要的作用。同样，与听力内容有关的插图也能协助理解听力材料。教师应在英语听力教学中引导学生注意视觉信息，帮助把握材料信息，提高听力水平。

2. 引导学生关注听觉信息

听觉信息主要包括语气和语调两个方面。对于同一句话，不同的人往往会使用不同的语气与语调讲出来，语义也可能有所不同。

在一些情况下，学生可能不太理解所听材料的内容，但可以借助语气、语调来推测话语的意图，如是喜悦语气还是悲伤语气，是幽默语气还是愤怒语气等。

因此，教师应为学生选择一些语气与语调各异的听力材料，使学生逐渐将语言材料的内容与语气、语调结合起来，形成图式，同时将图式内化到该材料知识体系中。

四、英语听力教学研究

（一）英语听力教学面临的问题

当前，英语听力教学面临非常严峻的形势，解决英语听力教学中存在的问题是非常迫切的。

1. 基本语言问题

有些学生在英语学习的最初阶段就没有良好的发音基础，难以识别近音、同音词，或自己的口语有很重的口音。此外，大多数学生对英美发音的差异知之甚少。在美式英语和英式英语中，虽然单词的意思和拼写相同但发音不同。不熟悉语音差异，或缺乏词汇、语法知识的学生可能在听力与发音方面遇到困难。

2. 文化背景知识问题

学生因为缺乏目标语言文化背景知识，容易在听力理解和交际中遇到困难。例如，中西方的交际术语和词汇不同，反映了不同的社会风俗习惯和民族文化特征。如果学生缺乏这方面的知识，其听力理解就会受到影响，听力教学也就无法取得良好的效果。

3. 听力习惯问题

在听力练习中，学生不能过分拘泥个别词句的意思，应该尽量理解全文主旨，因为听力的关键在于把握材料的中心思想。有些学生听到不懂的单词就会下意识地思考，因此他们跟不上听力材料播放的速度。当学生遇到快节奏的听力材料时，他们会感到紧张和困惑，因为快节奏的听力材料不可避免地会有语音和语调的变化，如弱读、重音转移等。许多学生在听到语音信息后，经常受到母语的干扰，习惯按照汉语逻辑逐字翻译，而无法直接转换语音信息，这种脱离英语逻辑的思考会严重影响反应速度。

（二）英语听力课教学中问题的对策

1. 正音正调

在听力教学之初，学生首先要充分重视语言知识。语音基础对语音语调的质量有根本性的影响，语音语调又是语句核心情感的载体。要想帮助学生克服音调变化带来的理解困难，教师应引导学生分析不同英语语音的主要差异，对应具体的例子，如爆破、连读、弱读、重音转移，使学生能够反复模仿、训练和掌握发音规范，形成一定的语感，进而进行全面的语音训练。此外，单词积累、阅读积累也很重要。

2. 视听结合，听写结合，听说结合

在听力教学中加入视觉手段可以有效促进学生的形象思维的形成，让学生用简单的符号、缩写或关键词进行训练，使学生能识别、解答相关问题，并在很大程度上弥补了短时记忆的不足。同时，要重视听、说、读、写的共同作用，通过写作练习、口语练习调动学生不同感官的合作能力，提高学生的听力水平。

3. 重视背景知识

要理解具有社会性的语言，就不能不了解其背后的文化。要提高听力素质，学生就应该掌握一定的文化基础知识，通过这些知识更准确地理解对话或文章中的隐含信息和文化含义，了解不同文化中特定的词汇和表达方式。教师可以将听力教学与文化教学相结合，以更好地帮助学生。在开始听力练习之前，教师可以先向学生介绍相关的文化背景知识，帮助学生提前了解听力材料中可能出现的文化元素，提高听力理解的准确性。在听力过程中，教师可以根据学生的理解情况，主动解释或引导学生理解一些文化难点，比如特定习俗、文化背景下的表达方式、文化隐喻等。教师可以设计相关的文化任务或项目，要求学生通过听力材料了解、分析和分享相关文化背景知识。

4. 培养预测联想能力

学生的固有知识结构对其理解听力内容有很大帮助，教师应该培养学生的预测和推理能力，引导学生有意识地利用自己的原始认知来分析听力材料，让学生在了解主题的前提下快速浏览材料，预测内容，并在听前做好准备。例如，在听对话时，要求学生注意联系对话的上下文，并弄清对话者的意图。掌握关键词有助于预测记忆和理解听力材料中的具体细节。即使遇到一些障碍，学生也可以通过预判产生一个大致的理解和判断，避免陷于被动局面，提高最终的听力教学效果。

5. 重视材料的真实性

美国著名教育家克拉姆契（Kramsch）创造了一个轻松愉快的学习环境，尽可能消除学生在学习时的紧张情绪，并激发学习兴趣，以积极主动的态度投入教学过程，理解教学方法的作用。克拉姆契认为，无论是教科书还是试题都应该具有真实性，应结合语法知识的现实应用编写，而不能刻意编写非自然语言材料，因为真实语言的使用是多样化和复杂的，无法被简单地刻意设计出来。当学生只学习到人为设计的语言材料时，可能面临在真实情境中无法成功应用所学知识的挑战。相反，通过教授真实的语言材料，学生可以更好地理解和运用语言，从而更好地适应不断变化的现实世界。英语听力教学也是如此，真实的语言环境可以为学生展示不同语言条件下的语音和语调变化，使学生接触更多实用性强的语言表达方式，适应不同的听力挑战，理解交际中的情感变化和特殊词语的微妙含义。所以，听力教材也应该重视学生对文本的反应。将现实生活中的视听资料引入多媒体教材中，充分利用声音、文字、图像、视频等，使学生集中精力学习，主动理解教材内容，发挥其真实性和丰富性，接触更真实、更实用的语言。

6.培养学生对听力的兴趣

无论学习何种知识，兴趣都是学习者入门的关键，英语听力教学当然也不例外。所以，教师应调整自己的教学风格，采用具体而生动的语言，以及形象的手势、表情、动作等，绘声绘色地分析语法知识，引导学生在听力练习过程中掌握定位重要信息、运用上下文推断意思等技巧；引入多样化的趣味性教学方法，如朗诵、游戏、竞赛等，并对表现优秀者予以表扬和奖励，激发学生的学习信心；轻松、有趣的课堂氛围也非常重要，会让学生自然而然地参与听力活动。

教师可以使用不同的音频和视频素材来吸引学生的注意力，如影视剪辑、音乐、新闻报道等。英语国家本土的广播、电视节目等都是非常理想的听力教学材料，对培养学生的语感和理解力有很大帮助。另外，听力素材选择的话题也很重要，教师可以选择与学生日常生活相关的话题，如娱乐新闻、体育赛事、文学影视等，从而吸引学生的注意力。

总结起来，听力教学是一项具有实践性质的教学活动。教师在英语课堂上可以采用多种有针对性的方法，培养学生对听力的兴趣。通过创造轻松有趣的课堂氛围、引入丰富的多媒体素材、给予学生即时反馈、提供激励机制、选择有趣的话题等方式，可以激发学生的学习兴趣，引导学生发现自己在听力理解中的误区和短板，从而提高他们的听力水平。

（三）英语听力教学的关键点

听力理解是一个积极构建意义的复杂认知过程，它要求听者积极思考所接收的声音符号。在英语听力教学中，信息认知模式、语篇理论和图式理论具有一定的指导意义。教师应促进学生加快双语转换，提高短时记忆能力；培养学生的话语意识和话语能力；帮助学生在长期记忆中激活相关背景知识，最终提高学生的听力水平，增强学生学习英语的信心。

首先，对一门语言来说，口语是第一位的，听是最直观的语言信息接收的方式。听力理解可按照不同的交际方式分为传达式听力理解和交际式听力理解。前者是一个单向的传递过程，也就是说它并不建立在合作性的对话环境中，没有明确的对话意图或信息共享。后者则意味着听者不再仅仅被动地接收并理解所听到的声音，而是通过主动思考、推断和信息加工建构声音的意义。

按照认知心理学的观点，科学的听力理解应该属于交际式听力理解。学生在理解过程中利用自己已有的语言知识和经验来理解所听内容，通过上下文和语境来解释和理解信息，注意语气、语调、措辞等的变化，调整和集中注意力来捕捉关键信息和细节并加以筛选过滤，自行填补缺失的信息并推断其深层意义。这种主动性使得听力理解更加复杂和灵活，也会为学生提供更多参与和发展的机会。英语听力教学的关键点有如下几个方面。

1．双语转换速度及关键词

信息处理过程可以分为感知、分析、运用三个阶段。由于声音的持续时间较短，当信息在感官记忆过程中停留不超过 4 秒时，听者必须根据实际的听觉输入判断信息的内容，并将文本中的关键词转换为短期记忆。在几秒钟的感觉记忆阶段，听者应该从大量信息中选择与当前任务相关的重要信息，即总结从材料中听到的关键词。在分析阶段，选择的重要信息被编码并存储在短期存储器中，停留时间仅为 10 秒左右。① 这个阶段就是听者理解关键信息的阶段。听者要想增加记忆容量，就要延长关键信息的保留时间（可通过速记来实现）。现有的听力教材和测试材料大多考察听者的关键词定位和同义词替换能力，也就是从选项中找出与材料内容对应的关键词。从目前的测试结果来看，同义替换的难度更高。

2．强调衔接词的作用

语篇理论在外语教学中得到了广泛的应用。文本是一种自然语言，不完全受语法约束，它在一定的语境中表达完整的语义。语篇一般是指一段连贯的文字或语言材料，由一系列相互关联的句子或话语组成，表达一定的意义和信息，可以是短文、文章，也可以是演讲、对话等，它们通过语言的组织和结构来传递和交流思想、情感和信息。语篇中的各个句子或话语之间应当具有语义和形式上的一致性，在内容上相互补充、延伸或联系，形成一个整体意义。在行文结构上要遵

① 鲁忠义，杜建政．记忆心理学 [M]．北京：人民教育出版社，2005.

循合理的逻辑，如因果关系、时间顺序、转折关系等，并使用统一的语法、词汇、句式。所以，短文听力材料本质上属于语篇。

英国语言学家韩礼德（Halliday）认为语法系统的功能之一是语篇功能，即人类语言具有组织信息、彰显与其他信息关系、暗示信息传递的双方或多方所处的交际语境的作用。

理解语篇的关键在于不同句子之间的关联性和衔接性，要把握作为一个整体的有机结构的文本或话语中的句子、段落和篇章之间明确的逻辑关系。所以，在听力理解中应尤其注意句子之间的衔接手段——逻辑联系语，如并列连词 and（表承接）、but（表转折）、连接副词 however（表转折）等。这些逻辑联系语在听力语篇中出现频率非常高，对听者来说便于识别，而且承载着关键的语义信息，如并列连词 but 和连接副词 however 后一般都是语篇强调的重点。

听力练习者要理解提取的信息，并非某个单独的单词、短语或句子的字面意义（及延伸意义），而是对整个听力材料意义的概括和把握，也就是要在听完时对材料的行文和主旨都有所了解。因为只有提取和理解连贯的语言信息才能说是理解了整个文本，单纯解读字面意义可能导致对上下文的片面理解乃至误解。而且，无论是听力材料还是现实中的对话，总有不同程度的信息省略、暗示和转义，听者要主动判断推理，才能填补缺失的信息。

3. 强调背景知识作用

图式是认知心理学中的一个术语，它最早由德国哲学家康德（Kant）在其哲学理论中提出，后来引起认知心理学家的极大兴趣。图式理论强调背景知识在听力理解中的重要作用，即输入信息与听者头脑中已有知识的动态交互作用。听者大脑中的相关图式为理解文本内容提供了参考和指导，图式存在于听者的长期记忆中。[①] 听力教学中的图式包括语言图式和内容图式，前者是指听者已有的与语言结构和语法有关的知识框架，包括单词、短语和句子的组织方式、语法规则、语义关系等。如果不能充分掌握这些语言图式，它们将成为理解对话、散文和新闻等复杂内容的障碍。在听力理解的过程中，相关内容图式对听者的理解和判断有很大帮助。当接收到听力材料时，听者会将听力材料与已有的知识和经验联系起来，根据既有的知识、经验和语言背景来构建与材料内容相关的图式，填补信息之间的空白，推测下文的内容，并且将听力材料中的各个部分联系在一起。这种图式帮助听者在大量信息中筛选出关键点，快速捕捉重要信息，从而更好地理

① 郑晶，魏兰，康添俊 . 图式理论与外语教学实证研究 [M]. 上海：上海大学出版社，2017.

解和记忆所听到的内容。

为了充分发挥图式的作用，教师应在日常的英语听力教学中引导学生广泛探索、长期积累、拓宽知识面。教师可以提供一些与听力材料话题相关的关键词或拓展素材，巩固学生的记忆，激发学生的兴趣，并构建相对初级的内容图式。除了教科书中的听力材料，教师还可以鼓励学生自主搜索和选择一些真实的英语听力资源，如英文新闻、播客等，提供更多样化的语言输入，并让学生在探索中积累更广泛的知识，更好地面对真实语境中的听力挑战。

除了知识积累，联想和推导能力的培养在听力练习中也非常重要。比如说，除了传统的听力练习，教师还可以让学生模拟一些特定情境，尝试角色扮演、讨论或演示等，使其将所听到的信息与他们已有的知识和经验联系起来。在听力练习之前，教师可以提出问题，引导学生根据已有的背景知识和先前的学习内容，猜测可能会在听力材料中出现的信息，这样有助于他们在听力过程中有意识地关注相关信息。教师还可选择多样化的听力材料，涵盖不同的主题和语境，帮助学生从各个方面扩大自己的知识储备。这样可以培养学生的广泛阅读和学科综合能力，同时也能够让学生将不同领域的知识联系起来。

此外，社会文化背景知识的灌输也是一个不可忽视的教学内容。当听力材料播放结束、学生练习结束之后，教师可以简要介绍与听力内容相关的背景信息，如材料内容的历史背景、社会环境、文化习俗等。通过结合关键信息，学生可以更好地理解听力材料中出现的人物、地点、事件等。教师在查阅相关资料之后，也可以为学生提供补充，鼓励学生自行查找与材料内容有关的文章、书籍、在线资源等，进一步了解社会文化背景知识，提高跨文化意识和理解能力。在听力练习的过程中，教师应鼓励学生反思自己在理解社会文化背景方面的困难和收获，并总结有效的学习策略和方法，以在将来的听力任务中更好地应用社会文化背景知识。

在学习听力过程中，认知能力、有效的训练以及语言理解是相互关联且不可分割的重要因素。学生需要有足够的注意力来聆听和理解听力材料，同时能够运用记忆和思维能力进行信息的加工和组织；通过系统的听力训练来提高听力技能；将已有的语言知识与听到的信息相结合，理解材料内容。这种综合性的学习方法可以帮助学生更好地应对各种听力任务，提高他们的听力水平。

第四节　英语口语教学

一、英语口语的概念

在社会需求的发展和教育观念的变迁中，广大教师和学生越来越重视英语口语，口语逐渐成为英语教学的核心内容之一。要分析英语口语教学的作用，首先要理解何为“口语”。这个概念起源于人类语言的早期发展阶段，而具体的起源时间无法准确考据。口语是人类使用口腔和声音来进行交流和表达的一种形式，它是自然语言中最基本、最直接的方式之一，是人类社会初期的语言，具体的表现形式是人们在日常生活中频繁使用的交际话语，用于交流、表达思想、传递信息等。

口语在人类社会的发展中起到了至关重要的作用，它是人们日常交往和信息传递的主要方式之一。随着语言和社会的发展，口语逐渐成为语言学和语言教育中一个重要的研究领域。在语言学习中，培养良好的口语能力对于提高沟通能力和交际能力至关重要。因此，口语教学也成为语言教育中的一个重要组成部分。

与口语相对应的是书面语，即以视觉形式表达的语言。相比书面语，口语具有更为突出的交互性。口语是实时进行的交流形式，说话者和听话者可以直接面对面地进行对话。这种即时性使得口语能够更快速地传达信息、回应对方、进行互动。与此相比，书面语在信息传达上往往需要更长的时间，因为它需要文字的书写、阅读和解释。

口语交流中非语言交流的作用更加突出。人们通过面部表情、手势、身体语言等方式来补充和辅助口语的表达。这些非语言元素能够传递更多的信息，帮助交流双方更好地理解对方的意图。而书面语则无法直接传达这些非语言元素，交流的信息相对较少。

口语交流一般是双向或多向的，说话者和听话者可以直接进行互动。双方可以随时提问、回应、澄清、追问等，这种互动能够促进更深入的交流和理解。而书面语通常是单向的，读者只能被动接收信息，无法实时进行反馈和互动。

口语表达能力是指一个人在口语交流中使用语言进行有效表达的能力。它由口语技能、口语能力两个主要因素构成。前者是指一个人在实际口语表达时所展现出来的能力和水平，具体包括词汇量、语法准确性、流利度、发音和语音语调等；后者则指一个人在潜意识和心理上对口语表达的潜在制约或限制，反映了个体在口语交流中理解、思考、组织和表达的能力。口语技能是一个人口头语言运用的实际表现，人们的口语技能好坏会直接影响到他们在口语交流中的表达能力。口语能力涉及词汇掌握、语法理解、思维逻辑、情感表达等，这决定了一个人能否灵活、准确地运用口语技能来进行有效的口语表达。

口语技能和口语能力相辅相成，共同决定了一个人在口语交流中的表达能力水平，提高口语表达能力需要不断培养和提升口语技能，同时也要注意发展和拓展口语能力。在口语交流中，词汇、语法规则和语言结构等基础语言知识，为口语表达提供了基本的素材和规范，为口语技能的发展奠定基础。学习者需要通过阅读、听力、词汇积累等方式来获取和巩固语言知识。然而，仅仅掌握语言知识还不足以形成良好的口语表达能力。口语技能是在实际口语交流中通过不断练习和磨炼而得到的。通过口语练习，人们可以将掌握的语言知识应用于实际情境中，提高说话的流利度、准确性和自然度。因此，口语技能是从掌握语言知识到形成口语能力的必要技能。它连接了语言知识和口语能力的桥梁，只有掌握了必备的口语技能，才能发展出更强大的口语能力，并在口语交流中更加自如地运用语言进行有效沟通。

口语还可分为主动口语（主观输出言语的“说”，或一个人主动使用语言进行口头表达的能力）和被动口语（客观接受言语的“听”，或一个人理解他人口头表达的能力）。主动口语要求个体能够组织思维、选择合适的词汇和语法结构，用流畅、准确的方式表达自己的意思。主动口语能力反映了一个人在主动交流中的表达能力和自信程度。被动口语要求个体能够理解他人的语言意思，包括词汇、语法、语音、语调等，并进行正确的解读和回应。这对于理解他人的意图和信息至关重要。

被动口语被认为是主动口语的基础。因为要进行有效的口语表达，必须首先理解他人的叙述内容。通过培养被动口语能力，人们可以更好地理解他人的意图、需求和观点，从而更好地回应和沟通。主动口语和被动口语在口语交际中是不可分割的。

一个人的口语交际能力包括发音与语言语调、词汇与语法、流利度、理解能力、社交技巧、文化意识几个方面。良好的发音和语调是有效交流的基础，正确发音和自然的语音语调有助于别人更好地理解说话者想要表达的意思；丰富的词汇和准确的语法能够确保说话者用正确的词汇和句子表达自己的意思，并且能避免产生歧义；流利度指的连贯、流畅地表达思想，不出现频繁的停顿或中断；良好的口语交际能力还包括对他人语言的理解能力，迅速理解他人的意思，并作出恰当的回应，是有效交流的重要组成部分；口语交际能力也与社交技巧密切相关，包括倾听、适应语境、尊重和理解他人的观点，以及合适的非语言表达，如眼神接触和肢体语言等；在跨文化交流中，理解和尊重不同文化的习俗和规范是非常重要的，具备文化意识可以帮助说话者更好地与其他人进行沟通，并避免产生误解或冲突；此外，还要掌握可行的沟通策略，善于使用会话技巧和非语言手段，减少沟通困难。

口语通常是即席的，没有事先准备和修饰的过程，说话者需要根据实际情况迅速做出反应和回应。虽然这种即席性使得口语具有更大的灵活性，能够更好地适应不同的交流场景和对话需求，但它也会将口语交流导向不可测，一旦说话者的思维跟不上交流节奏，就会发生尴尬。所以，口语教学的内容还应该包含交际策略。所谓交际策略，是指当某语言使用者在话语计划阶段由于自身语言方面的不足而无法表达其想要表达的思想时所采取的策略。交际策略具体包括争取思考时间、迂回表达、非言语行为辅助、选择习惯的词语和句型、英语口语简化等。

了解中西思维差异对英语口语教学至关重要。作为第二语言教学者，教师必须妥善处理教学内容和课堂过程中涉及的中西思维方式差异、跨文化交际及母语负迁移的影响等。因自然环境、文化背景、教育理念等因素的影响，中西方语境中的人有着截然不同的思维方式和价值观念，这些差异会直接体现在语言表达中。要想解决母语负迁移产生的问题，英语口语教学要容纳思维训练、交流策略、文化习得等多维度内容。

二、英语口语教学内容

在口语教学过程中，不仅要强调语言输出，还要注重学生语言输入和语言理解加工过程的培训。因为在口语交际过程中，任何信息都是建立在“可理解性”的基础之上的。说话者首先要接受对方所传递的信息并进行信息加工理解，然后才能输出对方可以理解的信息，其中涉及语音、语调、词汇意义、语用知识、文化及思维习惯等各方面的因素。口语教学过程可分为三个阶段：“潜口语”期、口语能力构建期、口语策略发展期。

第一个阶段强调语言的可理解性输入，这是学习者习得语言的重要时期，这一过程可以延伸到口语教学之外，英语学习者在学习英语课程以前的一切语言输入都可以作为这一阶段的外延。

第二个阶段则强调语言的可理解性输出，在这一阶段，“对话练习”“场景练习”“主题演说”“问题辩论”等口语教学的强化手段是教学的重点内容。这些练习方法为学生提供了构建口语能力的框架，学生通过“练习”和“构建”的反复循环过程建立自己的英语思维习惯，英语思维影响语言的构成并促进口语交际的发展。

第三个阶段是语言的内化和提升阶段。这一阶段仍然强调练习，但练习的难度提高，目的是锻炼学习者口语交际的应变能力和实际操作能力，预测交际场合中的未知困难，并提供可解决的交际策略。高水平的英语口语交际应该具有本族语的思维习惯，只有这样才能够灵活地运用英语语言环境中的交际策略，达到成功交际的目的，这也是英语口语教学的目标。

英语口语教学区别于其他英语教学环节，教师在教学中要注意口语的言语行为功能特点，即要向学生强调口语的言语行为功能——通过特定的语言表达特定的功能。主要功能包括：问候、介绍、告辞、请求，致谢、赞美、祝贺、道歉、原谅、建议，同意与不同意，批准与不批准，承认与否认，同情、鼓励、申诉、劝说、允许、许诺，等等。口语的语体特点是英语口语教学区别于其他英语教学环节的主要因素，口语中较多地使用短语、并列从句、问答与祈使句，并且允许出现重复、停顿、补充、修正等策略。口语教学强调口语受到年龄、性别、文化、情绪等因素的影响，因而英语口语教学不是单纯的语言领域的教与学的过程，而是一个包罗万象、涉及语言综合运用的教学过程集合体。英语口语教学要重视学生的知识训练、知识重建、知识内化与知识外现。培养学生的语言能力和交际能力是口语教学的首要任务。口语学习没有捷径，关键在于训练，这种训练需要自主意识的控制，因为这是一个以自我表达为核心的认知与实践的过程，外在的强化因素只能起到辅助作用。口语教学要兼顾学生的语言条件、思维方式、心理素质以及环境氛围等各方面的因素，在实际的口语教学中，要把以上各方面纳入英语教学实践和课程内容设置中，要把解决这些问题作为英语口语教学不可缺少的内容。由此可见，英语口语教学并不是简单的语法传授，而是全面提升口语表达能力的教学过程。

三、英语口语教学的理念

英语口语教学应该遵循“以人为本”的教育理念，充分考虑学生因素，做到以学生为中心，激发学生的学习热情，培养学生的学习情感。

首先，口语课堂应该以轻松愉悦的课堂氛围为主，以枯燥乏味的知识习得为辅。教师可以设置鼓励学生积极参与的课堂活动，让他们产生心理的满足感和自信心，然后逐步加大话题难度并辅以知识讲解，既让学生有学习知识的满足感，又让学生体会到用英语沟通和交流的乐趣。

其次，在课堂教学中要注意培养学生自我管理的意识。口语学习不能仅仅依赖课堂活动，几十分钟的课堂实践是有限的，对于口语学习而言，练习力度是远远不够的，需要学生做课外口语练习的“主人”。在教学实践中，教师要给学生充分的练习自由度，让学生自己选择话题，选择练习时间和场地，进行实际的口语操练。

再次，英语口语教学必须立足口语输入和口语输出的模式，任何非口语形式的输入必然会导致学生非口语化的输出，这也是口语教学的一个误区。人们往往认为口语就是语言的表达，任何形式的语言输出都可以称得上口语练习。

最后，在口语教学中要充分利用网络和多媒体教学环境。英语口语教学需要大量的语言知识输入，不论是声音形式、文字形式、图像形式，还是视频形式，都会对口语教学产生积极的辅助作用。

四、英语口语教学的意义

英语口语教学对于提高语言应用水平至关重要。口语是语言交流的基础，通过口头表达才能实现真正的沟通。英语口语表达的准确性、流畅性、得体性，都是英语水平的具体体现。英语口语教学帮助学生掌握正确的发音、语音语调、语法和词汇应用，从而更流利地进行日常对话、社交交流和职业沟通。

英语口语教学对于相关语言项目的教学具有促进作用。口语教学与语法教学、听力教学、写作教学等是一个有机的整体。掌握有效的英语口语技巧有助于其他领域水平的提高。良好的口语能力将为学生在学术研究、工作和生活方面带来优势。通过英语口语学习，学生能够熟练应对外语考试的各种题型和场景，提高自己的整体综合水平。

英语口语教学对于学习者的信心构建至关重要。自信心是提高学习能力的前提。很多学生对英语学科的畏难、自卑情绪都源于英语口语能力的缺乏。通过系统的口语培训，学生能够逐渐克服语言交流的障碍，自信地与他人进行英语对话。这种信心的建立将进一步激发学生学习英语的兴趣和动力，促使他们更积极地参与到语言学习中去。

五、口语教学的原则

（一）以理论为指导，以训练为主线原则

系统的理论知识对英语口语教师来说非常重要，除了课程标准要求和教材内容之外，教师还应该熟悉学生的语言基础、学习能力、学习动机等。以理论为指导的口语教学应以学生的口语训练而不是教师的讲解为主。学生的口语实践是课堂教学的主要内容。

（二）以学生为中心原则

英语口语训练是学生和教师之间的相互作用和交流，还包括学生之间的交流和互动。在口语训练中，学生不仅是被动接受知识，而是需要积极参与和表达自己的观点。教师起到引导和促进的作用，提供反馈和指导，帮助学生纠正错误，并鼓励他们进行实际运用。这种互动关系使得口语训练成为一种双边活动，学生和教师共同参与其中。学生可以通过角色扮演、小组讨论、对话练习等方式相互交流，练习口语表达能力。通过与同伴的互动，学生可以分享想法、观点和经验，互相学习和帮助。这种学生之间的互动也是口语训练的重要组成部分，使得学生能够在实践中不断提升口语交际的能力。

教师在英语口语教学中应该倾听和尊重学生的意见和需求，了解学生的学习目标、兴趣爱好和学习风格，倾听他们对口语训练的期望和意见。教师要鼓励学生主动参与学习过程，培养他们的自主学习能力。引导学生对自己的口语表达进行反思和评估，帮助他们发现问题并找到解决方案。同时，鼓励学生自主寻找学习资源和机会，持续提高口语能力。针对每个学生的口语水平和需求，教师可以提供个性化的指导和反馈方案，确保教学内容和方式能够适应不同学生的学习进度和风格。通过定期的评估和反馈，帮助学生了解自己的进步和改进方向，激发他们的学习动力。教师的指导应该点到即止，为学生留出思考余地，确保课堂以学生为中心。

（三）课内外相互促进原则

众所周知，要想真正提高学生的英语口语能力，不可能只依靠课堂学习，还需要坚持课外训练。丰富的课外实践活动可以作为课堂训练的补充，有效弥补课本知识的局限性。要想妥善处理这一过程中课外练习任务和监督检查的关系，教师应该设立明确的目标、提供指导和资源、定期回顾和反馈、创造互动交流环境、

引导学生自主学习。

教师应该定期检查学生的课外训练任务，并给予及时的反馈。可以通过集体讨论、个别面谈或在线交流等方式进行。教师可以针对学生的表现提供具体的建议和指导，鼓励他们继续努力，并纠正他们的错误。

另外，课外活动应该符合多样化原则。教师要设计多样的课外活动目标，以满足不同学生的需求和兴趣；提供各种不同形式的课外活动，例如角色扮演、小组讨论、辩论、演讲比赛等。目标可以包括口语流利度提高、听力理解能力增强、自信心培养等，确保每个学生都能找到适合自己的学习目标，并能够通过课外活动实现。多样化的活动可以激发更多学生的兴趣，使他们积极主动地参与口语练习。同时，将线上和线下的活动结合起来，满足不同学生的需求。

（四）与现代化教育技术手段相结合原则

教师必须通过课堂效果评价和学生实际口语应用能力的评价来指导教学，了解自己的教学效果，为学生提供启示。而要想确保反馈效果真实可用，教师就离不开先进的教育技术手段。

具体来说，教师可以利用在线学习平台来收集学生的作业和答题情况，并及时对其进行评价和反馈。这些平台通常可以提供自动评分和分析功能，使教师能够更快速地了解学生的学习进展。

数据分析工具也是非常理想的教学辅助手段，可以帮助教师分析学生的学习数据，如测试成绩、作业完成情况等。通过对数据的分析，教师可以全面了解学生的学习情况，并据此提供有针对性的反馈和指导。

通过使用虚拟实验室和模拟软件，教师可以让学生进行各种实践性学习活动，如科学实验、工程设计等。这些工具可以模拟真实情境，帮助学生在安全和可控的环境中进行学习，同时教师也可以随时监督学生的学习进程并给予及时的反馈。

通过使用在线讨论和协作工具，教师可以促进学生之间的互动和合作。学生可以分享自己的想法、问题和解决方案，教师可以参与其中并给予指导。这样的互动可以为学生提供及时的反馈，并促进他们的学习和思考能力的发展。

六、英语口语教学的影响因素

（一）现有教学模式对口语教学的影响

传统英语教学遵循“以教师为中心”的理念。这种教学模式存在限制学生的自主性和主动性、缺乏机会进行口语实践、忽视学生个体差异、缺乏实际语境的训练、忽视交流和互动等问题。以教师为中心的教学模式注重教师的指导和控制，学生往往被动接受知识和信息，这样的教学方式限制了学生的自主性和主动性，他们缺乏自信和动力去主动运用所学的口语知识。教师在课堂上完全占据主导地位，大部分授课时间都是单方面讲解和演示，导致学生缺乏充分的口语实践机会，无法提高口语表达能力。传统教学模式通常采用一刀切的方式，忽视了学生的个体差异和学习风格，每个学生的英语口语能力和需求不同，在传统模式下，他们很难得到个性化的指导和支持。传统教学模式偏重于教授语法规则和词汇，而较少关注实际语境的训练，学生往往无法在真实情境中运用英语口语，如交流、辩论或角色扮演，从而限制了口语能力的发展。

（二）语言环境对口语教学的影响

语言环境在很大程度上制约着学生语言能力的培养。由于学生在非目标口语环境中学习目标口语，所以缺乏必要和良好的语言环境。理想的语言环境能够快速促进学生语言应用能力的提升，相反则会对他们语言应用能力的提高产生负面的影响。对于中国学生来说，语言环境主要包括校园、社会环境。

课堂环境对口语训练的影响非常重要。课堂环境应该是一个积极鼓励和支持学生口语表达的场所。教师应该给予学生肯定和鼓励，激发他们的自信心，让他们感到安全，愿意参与口语练习。为了满足实用口语的需要，课堂环境应该模拟真实语言使用的环境，让学生接触丰富的英语口语材料和情境，在真实的语言环境中进行口语练习和交流。课堂环境应该提供充足的口语练习机会，让学生有足够的时间和机会去实践口语技能。教师可以设计各种口语练习活动，如口语角色扮演、口语游戏、小组演讲等，让学生积极参与，不断提升口语表达能力。

教师积极、友好的态度能够激发学生的学习兴趣和动力，有助于建立一种互信、互助的师生关系。当学生处在这种自然的关系中，充分感受教师的关心和支持时，他们更愿意参与口语练习，勇于尝试，从而提高口语表达能力。作为学生的榜样，教师体现平易近人的态度和生动易懂的表达方式，能够为学生树立正确的口语模范。教师以朋友的身份与学生交流，可以缓解学生对教师的恐惧和紧张感，学生会更加放松和自在地与教师进行互动，从而更好地参与口语练习。朋友关系有助于促进有效的学习交流。学生在与教师交流时，不再感到压力和抵触，更愿意分享自己的想法和观点，与教师进行真诚的对话，从中获得更多的语言输入和输出。

（三）语言测试形式对口语教学的影响

单纯强调考试（笔试）成绩的英语教学方式对学生口语能力的培养产生了诸多不利影响，如忽视口语训练，缺乏口语表达自由度，语音、语调、流利度等问题，缺乏实际应用，降低学习动机和兴趣等。在注重笔试成绩的教学模式下，学生常常只注重背诵和复述，缺乏自主思考和创造性表达的能力，长期以来陷入机械记忆和死板应答的困境，无法灵活地运用语言进行实际交流。

（四）教师能力水平对口语教学的影响

首先，教师要具备扎实的基本功，满足吐字流利清晰、发音准确、语音语调自然、熟悉词汇语法、掌握背景知识等条件，在课堂上流利地运用英语进行口语表达，自如地运用各种语言结构和词汇，正确定位和准确发音英语中的辅音、元音和连读等要素，并且对英语使用背后的文化含义有一定了解。

其次，教师应有一定的比较语言学知识。比较语言学可以让教师了解不同语言之间的结构、规则和差异。这对于教师理解学生可能会遇到的难点和错误非常重要。具体到教学内容中，英语中存在许多有别于汉语的语法结构，汉语也有和英语截然不同的语法习惯，学生很可能在英语口语中犯想当然的错误。教师通过了解这些差异，可以更好地帮助学生纠正错误和提高口语表达能力。

然而，有些教师认为自己足够了解作为母语的汉语，其实这种“了解”只是母语环境中的习惯，并不是真正系统化的语法知识。所以，教师汉语修养的提升也非常重要，只有完整地学习并对比英、汉两种语言，才能准确把握二者的特点和差异，了解学生可能在语言学习中出现的错误。

此外，教师应具有威信。教育学家认为，教师的威信也是影响英语口语教学效果的重要因素。学生对教师的信任是保持兴趣、记忆和掌握语言知识的关键。

最后，教学是一个完整的有机系统，会受内外部条件变化的影响。在课堂上，教师要留意观察学生表情和身体语言，通过学生的表情和身体语言来获取他们的反应信息，如学生的表情是否积极、专注，或者是否有困惑、疑惑的表情，通过观察这些细微的非语言信号，教师可以了解学生在教学过程中的感受和理解程度。教师可以通过提出问题和引导学生进行讨论来主动获取学生的反馈信息，与学生积极互动了解学生对所学内容的理解程度、困难点以及需要进一步解释和澄清的地方。同时，教师还可以鼓励学生提出问题和分享自己的意见，以促进思维和语言的发展。

（五）教材对口语教学的影响

英语教学的传统是强调阅读、写作和听力，对口语的重视程度不足。虽然目前市面上有许多口语教材，但这些教材大多忽视学生在口语交际中的思辨能力和创新能力。在传统英语教学中，英语口语教学更注重语法知识和语音发音的准确性，而忽视了学生的交际能力、思辨能力和创新能力的培养。这种传统教学观念认为掌握正确的语法和发音是英语口语的基础，因此在教材编写和教学设计中，更注重这些方面的训练，而忽略了更加综合和实际的交际能力。

有些教材过于注重静态和固定的语言表达，缺乏真实的交际场景和问题解决的能力培养。此外，教材的更新速度可能滞后于社会变化，无法及时反映当下的交际方式和需求。部分教材编写和教学设计更关注学科性的考试成绩和评估标准，而忽视了学生的交际能力、思辨能力和创新能力。在当前的教育环境下，有些教学目标更重视学生对规范语言的掌握，而缺乏对学生综合语言运用能力和思维能力的培养。

此外，很多教材的内容编排过于简单，仅仅是标注翻译的一个或多个英语对话。这种以单独片段形式呈现的教材缺乏真实的语境。在真实的英语交流中，语境对于理解和使用语言至关重要。对话教材无法提供完整的语境信息，学生可能很难准确理解和运用所学知识。对话教材通常是事先编写好的，学生只是模仿对话内容进行跟读，并不能真实地体验到日常交际的复杂性和多样性。真实的英语交际中涉及非语言表达、语气、语速等因素，这些都无法通过对话教材完全模拟。

教师为了让学生流利地表达自己的想法，需要先让学生掌握足够的词汇和语法知识。但这些内容又往往过于繁复。无论是教师讲解还是学生自行查阅都要花费大量时间，难免会占用口语练习的时间。另外，学生很难对形式单一的口语练习活动保持兴趣和精力。综上所述，口语教材的缺陷是影响口语教学的负面因素之一。

要弥补前述的局限性，教材编写者、教师和教育机构应该共同努力。教材应该设计真实的交际场景和问题解决任务，引导学生思考和交流；教师需要从传统的教学观念中转变，注重学生的主体地位和能力培养；同时，评估体系也应该更加全面地考虑学生的交际、思辨和创新能力。不过，也不应好高骛远，应夯实学生基本功，循序渐进地提高表达能力。

（六）跨文化意识缺乏对口语教学的影响

跨文化意识是指外语学习者能够更好地掌握目标语的文化知识，能够适应不同的语言环境和交际场合。具有良好跨文化意识的外语学习者能够合理应对交流中的各种障碍，确保交流的有效性。

目前，虽然很多学生都能通过英语四级和六级考试，却无法满足用人单位对外语表达的现实需要。四、六级考试主要测试学生的语言知识和阅读理解能力，而在实际的对外交流工作中，除了语言能力，还需要具备口语表达、听力理解、交际技巧等方面的能力。对外交流工作常常涉及不同文化背景之间的交流，需要具备跨文化沟通和适应能力。然而，四、六级考试往往没有涉及这方面的培训和测试。学生可能对于其他文化的思维方式、礼仪习惯等缺乏了解，导致在真实交流中无法适应和应对不同文化背景下的沟通和交流需求。

对中国学生来说，“文化错误”比语言错误更明显，因为前者往往容易在外国人和中国人之间造成感情上的不愉快。那么文化因素对语言学习的意义是什么呢？如果不了解文化的模式和规范，就不可能真正学习语言。为了提高学生在对外交流工作中的应对能力，除了重视英语语言知识的学习，还应该注重实际应用训练、提供跨文化交流机会、培养学生的自信心和交际能力。增加与以英语为母语者直接交流的机会、参与语言角色扮演和真实场景模拟等活动，可以帮助学生更好地应对对外交流工作所需的技能和能力。

（七）学生心理因素对口语教学的影响

美国耶鲁大学心理学教授彼得·塞拉维（Peter Salovey）与新罕布什尔大学教授约翰·梅耶（John Mayer）认为，情商是指个人对自己情绪的把握和控制、对他人情绪的揣摩和驾驭、对人生的乐观程度和对挫折的承受能力等心理因素，这些心理因素对人们的交际以及个人的成功都会产生非常重要的影响。①

情商理论对外语教学具有重要的启示。按照情商理论，如果学生无法合理管控情绪，则即使掌握了足够的语言知识，也无法满足交际的需要。情商也是口语表达能力的一部分，因为口语表达不仅仅是对词汇和语法的掌握，还涉及情感、情绪和人际交互等方面的因素。通过提升情商，个体可以更好地理解并表达自己的情感，有效地管理情绪，更加敏锐地察觉情绪，更有效地与他人交流，并解决口语交流中的问题和冲突。英语口语不仅是单纯的语言技能，更是一种社交行为。

所以，教师应重视并发挥情感教学的作用，协调学生的心理因素，观察学生的情绪和表现，倾听学生的需求和反馈，建立良好的师生关系，发现学生的个体差异；要关注学生的自信心，帮助其消除自卑心理和畏难情绪；教师应该营造一

---

① 王芬．情商教育对职高英语教学效果影响研究[D]．南昌：江西科技师范大学，2020．

种积极、支持和尊重的课堂氛围，鼓励学生表达自己的情感，接受他们的观点和感受，并鼓励他们互相尊重和倾听；教师应该关注学生的个人需求和情感状态，了解学生的兴趣、爱好、挑战和目标，与他们建立良好的师生关系，这样可以帮助教师更好地理解学生，并提供适当的支持和鼓励；教师可以教授学生一些情感管理的策略，如放松训练、积极心态培养和问题解决技巧等。这些策略可以帮助学生更好地管理情绪，应对挫折和压力，提高英语口语表达的自信和流利度。

要鼓励学生在课上积极发言，并减少批评等消极暗示。学习英语口语是一个积极的过程，学生需要鼓励和支持来建立积极的学习态度，批评和消极暗示容易为学生树立失败和不足的形象，导致他们对自己的能力产生怀疑，从而抑制学习积极性和自我表达的欲望。学生在积极、支持和鼓励的环境中更容易产生学习兴趣和动力。通过避免批评和消极暗示，教师可以创造一个积极向上、鼓励互动和宽容错误的学习氛围，使学生更自由地表达自己，勇于尝试和改进。外语学习是一个逐步积累和提高的过程，犯错误是很正常的。只要学生认识到自己的问题所在并决心改正，犯错反而是一个提高的过程，因此，教师应该引导学生正确看待自己的问题，积极改正，使学生以平和端正的心态面对学习，而不要一味地将错误归结为消极因素。

（八）学生兴趣、爱好等因素对口语教学的影响

兴趣因素在英语口语的习得和深化中起着提供内在动机、增强学习效果、促进自主学习、强化语言记忆、提供积极情感支持的作用。它是学生内在的动机来源之一，可以激发学生的主动学习意愿，增强对语言的记忆和激活能力。当学生对英语口语内容（如实时报道、文娱发布）感兴趣时，更有可能主动参与口语练习和学习活动。兴趣可以激发学生的好奇心、热情和渴望，使他们更积极地投入学习，提高口语技能。学生对学习内容感兴趣时，他们更容易保持专注，更愿意投入时间和精力去学习。因此，对于英语口语学习来说，具有兴趣的学生通常能够更快地掌握词汇、语法和发音等知识，提高口语表达的流利程度。

对英语口语感兴趣的学生倾向于主动寻找学习资源、参与口语交流活动并寻求反馈。他们可能主动选择观看英语电影、听取英语演讲或参加口语角色扮演等活动，以满足他们的兴趣和提高口语能力。当学生对某个话题或活动感兴趣时，他们更容易记住相关的单词、短语和句子结构，也更愿意在实际交流中运用所学的语言知识。通过口语练习感兴趣的话题，学生可以更深入地理解和掌握相关语言内容。

七、英语口语教学的要求

英语口语能力是现代社会人才必备的能力之一，提高学生的英语口语能力是英语课程教学的重要目标，因此在英语教学中提倡口语探究教学模式的革新具有十分重要的现实意义与研究价值。一般而言，英语口语探究教学就是指英语教师利用现代教育手段与媒介，调用多种教学资源，以学生为中心，以教师为主导，以学生的自主学习为主要学习形式，辅以其他多种教学方法，指导学生以自我探索与自我研究的方式掌握口语技能的教学过程。口语探究教学具有开放性、合作探究性、实践性、积极性、主动性、建构性、因材施教性、包容性等特点。

（一）激发学生学习动机

首先，创新性的教学手段和丰富的第二课堂活动都是教师活跃课堂氛围、调动学生兴趣的有效手段。教师可以制订相对轻松的课程计划，采用多元化的教学方式，提供多媒体资源，鼓励学生参与探究，创造轻松愉快的课堂氛围。课程计划应该注重学生的兴趣并留有一定的弹性，以便适应学生兴趣的变化情况。通过小组讨论、角色扮演、游戏等互动式活动，培养学生的信心和口语表达能力，这样的活动还可以帮助学生体会英语口语的实际运用场景，从而提高学习的兴趣。同时，教师也应该基于个人兴趣与国家需要分析口语教学的重要性，引起学生重视，端正学生态度，变被动为主动。

其次，要善于发挥多媒体等现代教学手段的作用，改善课堂氛围，消除学生心理障碍。教师可以使用多媒体设备展示有趣的教学素材，如图片、视频、音频等，使学习内容更具吸引力和互动性，激发学生的兴趣，并帮助他们更好地理解和记忆；也可以结合多媒体资源设计各种活动和游戏，让学生积极参与，增加学习的趣味性和互动性，同时促进学生的合作与交流，提高学生参与和学习英语口语的积极性，消除负面心理，创造更好的学习环境，提高口语能力和教学效果。

再次，教师应激发学生参与课堂交际的欲望，使其获得更多成就感和自信心。教师应该与学生一起制定明确的学习目标，并明确目标的重要性和实际应用，让学生明白他们为何需要积极参与口语交际活动，并激发他们主动学习的愿望。教师应该及时给予学生积极的反馈和鼓励，包括表扬他们在口语交际活动中的努力和进步，正向的反馈不仅可以增强学生的学习动力，还能让他们感受到自己在口语表达方面的成就，提升学习自信。教师可以安排学生参与展示活动，表现他们的口语能力，并获得他人的认可和称赞，进一步增强他们的自信心和学习动力。

大多数学生都有掌握英语口语表达能力的主观愿望，希望尽快提高口语表达能力。但是，口语学习当然不是一个急功近利的过程，需要长时间的积累和练习。教师应该与学生一起设定合理的、可衡量的学习目标，使学生能够循序渐进地迈向更高的口语水平；同时，向学生解释英语口语学习是一个长期的过程，需要耐心和坚持。教师要向学生强调每个人在学习方面的差异性，每个人都有自己的学习节奏和方式，遇到挫折和失误是正常的，鼓励学生定期反思自己的口语学习进展，并提供建设性的反馈。学生在面对挫折和失误时，应该学会分析问题，找到改进的方法，并从中学习。教师可以提供具体的指导和鼓励，帮助学生以积极的态度面对困难，并坚持下去，使学生感觉自己并非被动地接受学习任务，而是在主动交流，从而获得更多信心。

（二）发挥学生主体性

英语教学的本质是双向的交际，通过师生交流帮助学生提高掌握语言的能力。对任何学科的学习来说，学生的内在因素都是决定性因素，课堂教学自然也应该将学生放在中心环节。通过创造积极的学习氛围、了解学生的兴趣和需求、引导学生主动参与、鼓励学生自主学习以及给予反馈和支持，教师可以有效地发挥学生作为课堂主体的作用，提高他们的口语水平。教师应该重视学生在学习时的心理变化，观察学生的表现和反应，监测学生的情绪状态，与学生互动并提供支持，使用问卷和测试以及寻求专业心理咨询等方法来了解学生的心理活动，并为他们提供必要的支持和指导。

另外，师生关系的处理非常重要。和谐平等的师生关系对发挥学生主体性有着重要的意义。和谐的师生关系能够建立一个良好的沟通和互动环境，使学生更加放心和自由地表达自己的想法和意见。这样的环境鼓励学生积极参与课堂讨论和思考，激发他们的学习兴趣和创造力，从而更好地发挥他们的主体性。

第五节　英语阅读教学

一、阅读的重要性

语言能力的形成途径各异，但主要有以下两个：第一，通过大量的有声练习，形成口头语言能力，听得懂，说得出；第二，通过大量的阅读练习，形成书面语言能力，读得懂，写得出，并改善口头语言能力。

根据阅读目的的不同，阅读可以分为强制性阅读、真实性阅读（也称应用性阅读）两种。

强制性阅读是一种有组织、有计划、分阶段的语言阅读练习，旨在形成标准化的书面语言能力和口头语言能力。强制性阅读的阅读材料主要指学校使用的教材。毫无疑问，教材在形成学生语言标准化方面发挥了巨大作用，但缺点是它具有非选择性、单调性和枯燥性，使读者较为被动。

真实性阅读是一种自由选择的阅读，不需要特定的教材，以获取实用的信息或交流思想为目的。真实性阅读的阅读材料主要指报纸、杂志、文学作品等，这种阅读具有强制性阅读不可替代的优势——选择性、实用性、真实性和趣味性，这些特点决定了文章的可读性和读者的主动性。真实性阅读在母语语言学习过程中具有重要的作用。母语语言的学习环节可分为以下几个步骤：有声语言的输入—有声语言的简单输出—书面语言的选择型输入—语言的简单输出—书面语言的数量型输入—语言能力的最终形成。在以上学习语言的环节中，书面语言的数量型输入即真实性阅读占了最重要的位置，是一个关键的环节。外语的特点决定了外语语言能力的形成与母语语言能力的形成过程不同。外语语言能力的形成过程为：书面语言的选择型输入—书面语言的选择型输出—有声语言的选择型输入—有声语言的选择型输出—书面语言和有声语言的数量型输入—语言能力的最终形成。在此过程中，书面语言的数量型输入仍然是其中关键的一环，无法逾越。如果缺少这一环节，语言能力只能停留在简单输出的阶段，无法形成较强的语言能力，这就是为什么一些学生学了多年外语之后，仍然只能说一些简单英语的原因。

二、英语阅读教学的意义

（一）提高学生英语口语和写作技能

众所周知，在心理学概念中，语感属于理智感的范畴。人们不仅具有情感属性，还有特殊的关系情感。有了这些理性的帮助，人们可以直观地理解观察到的不同关系。语言是一种包含庞大系统的交流手段，语感自然也是一种复杂的结构，它可以体现在三个方面：一是反映文字标注对象之间的联系和关系，二是反映发音、词汇、语法等的联系，三是反映跨语言系统的关系。其实，这些关系一直存在于人们掌握语言的过程中，只不过学习者自己不一定能意识到。所有这些语言联系和关系的感性反映形式构成了一个巨大而复杂的感性复合体，即语感。这种语感使人们能够在没有意识到语言的这些或那些特征的情况下掌握语言。为了使学生高频率接触除教材以外的英语材料，教师通常会引进各种英语报纸、杂志或书籍等，为学生提供拓展阅读的材料，并在英语阅读教学的过程中，不断强化阅读输入。随着时间的推移，学生在教师的引导下会逐步养成坚持阅读的习惯。充分的阅读输入不仅有利于培养学生的语感，也在潜移默化中提高了他们的其他技能，如口语表达能力、写作能力等。另外，通过阅读英语短文，学生有机会接触地道的英语表达方式，既巩固了原有的语言知识，又获得了新的语言知识，可谓受益良多。

（二）开阔学生视野

语言是文化的载体，我们都知道要想学好一门语言，就要多多接触这个国家的本土风情与民俗文化，那么英语课堂便给学生提供了一个了解英、美等国的风俗习惯和异域风情的绝佳平台。有了大量多姿多彩的生活场景与日常故事的熏陶，学生们的阅读水平便能有很大的保障。在阅读的过程中学生还可以了解外国文化，何乐而不为呢？再者，成绩、语法、时态等永远不会成为限制学生快乐学习的障碍。越是困难，处理起来就越要巧妙。英语学习的最高层次是让学生吸收国外优秀文化的精华，从而有效地帮助学生增强自信心，减少在阅读题中失分的概率。语言是文化的载体。所以，通过英语阅读材料帮学生了解英语国家的文化风俗、社会场景，是一个补充文化知识的理想途径。外语学习的最终目标并非掌握基本知识和语言技能，而是了解文化的精髓所在。英语阅读教学也应该基于语言知识积累，引导学生了解更多英语国家的风土人情，更大程度地提高学生的语言素养。

（三）培养积极向上的生活态度

一些外语学习者在学习过程中可能表现出焦虑情绪，认为各种内外因素会挫伤自己的自尊。多年来，学生在外语学习中遇到了许多挫折。部分学生虽然用了大量时间去学习英语，付出了很多努力，但对应技能并没有真正提高，使其产生很强的挫败感和抵触心理。“我不喜欢听、说，我不喜欢翻译，我不喜欢写作”已经成为许多学生的真实写照。由于听、说能力相对较弱，自信心较弱，缺乏成就感，当然也没有学习动机。传统教学模式下的学生习惯书面知识，积累了一定的基础知识，对书面材料更容易接受。阅读不只能在课堂上进行，如果教师能够发展学生的课外独立阅读习惯，就可帮助学生重新建立对英语学习的兴趣和信心，消除焦虑，改善学生心理状况。

此外，教师挑选积极向上、具有时效性的英语阅读材料供学生阅读，有助于学生逐步树立正确的人生观、价值观和世界观，培养学生积极乐观的生活态度和学习态度。同时，趣味性、创新性强，与时俱进的阅读材料有助于减轻学习压力，使学生将压力转化为前进的动力。总之，通过阅读具有教育意义的英语阅读材料，学生将逐渐养成积极乐观的情感态度，形成正确的人生观和价值观，发现英语学习的乐趣。

三、英语阅读教学分析

（一）学生英语阅读的障碍

1. 学生的认知方式

认知风格主要是指人们接受、组织和检索信息的不同方式。研究者将学习者的认知风格分为两种类型：场依存型和场独立型。场依存型学习者关注外部和整体系统，社会敏感度高，交流能力强，但缺乏独立意见；场独立型学习者的特点是较为独立，社会交际能力较低。

研究人员发现，场独立型学习者在模仿句子时倾向于省略子项目，保留整个短语，而场依存型学习者恰恰相反。场依存型学习者更有可能在自然环境中成功学习外语，而场独立型学习者在课堂教学环境中可能占主导地位。对于外语学习者来说，不同的学习目标和任务、不同的学习环境需要不同的认知风格和学习策略。一线教师应了解不同学习者的不同认知风格，根据不同的学习任务和不同的学习环境，充分发挥他们的优势，并据此指导学习者形成不同的学习策略和认知风格，进而激发学习者学习外语的兴趣。

2. 学生的思维方式

传统价值观是文化的核心。传统的价值体系会直接影响不同民族的人的思维方式和行为原则，对人们的社会生活起着指导作用。同一文化中的人有着相同的价值观，沟通并不困难。反之，不同的文化价值观则容易引起误解。然而，不同文化背景的人在理解概念和差异时，可以作出预测，使交流成为可能。价值观的表达范围非常广泛，如世界观、群体取向和个人取向、时间取向等。这些方面的差异构成了不同的思维方式。例如，中国传统的宇宙观是“天人合一”，这体现在人们对自然的服从和崇拜上。西方哲学家提出了“天人分离”的观点，即人与自然是分离的，人应该处于支配和改造自然的地位，否则就是懒惰和缺乏进取心的表现，会被人鄙视。不同的价值观形成了不同的思维方式。中国人的思维具有由大到小的特点，如时间按年、月、日和小时的顺序，地址按国家、省、市、区、县、街道的顺序排列。这反映了中国人的整体的思维。西方人相信独立的部分构成了世界，所以他们的思维方式是归纳式的，从小到大，从点到线。一些学者认为英语是一种理性的语言。它的理性特征是当语法规范和逻辑规范发生冲突时，语法总是让位于逻辑。这种理性特征与早期欧美哲学与科学技术的结合密切相关。一个民族在特定语言中的思维习惯是语言、文化和思维不断变化的结果。因此，不同文化思维方式的差异也会导致交际规范、编码和解码方法、词法、语法等方面的差异。

（二）母语对英语阅读的正迁移和负迁移

根据行为主义语言习得理论，“正迁移”和“负迁移”是指语言学习中的两种不同现象。正迁移是指在学习一门新语言时，早已掌握的某种语言或技能对新语言的习得产生积极促进作用的现象。当学习者已经具备了某种语言的知识、技能和习惯时，这些积累的经验有助于他们更轻松地学习新的相关语言。负迁移又称干扰性迁移，是指早已习得的某种语言或技能对新语言的习得产生负面影响的现象。当某种语言的规则、习惯与新学习的语言相冲突时，会导致学习者在新语言习得过程中出现错误或困难。

近 30 年来，应用语言学研究，特别是第二语言习得研究的结果表明，第二语言学习中的母语迁移不是有无迁移的问题，而是什么、多少、在什么情况下是正迁移还是负迁移的问题。多年来，人们从英语教学实践中发现，母语负迁移是中国学生提高英语阅读理解能力的主要障碍。儿童在认知的基础上，在一定的社会环境中学习事物的概念，也学习概念的语言表达。概念学习与语言学习过程是同步的，外语学习者学习一种新的语言符号来表达现有概念体系之外的概念。母语和外语的概念体系不可能完全相同，其对应的语言符号的交际也有其自身的特点。第一，在发音方面，由于母语和外语在音标和组合方式上的差异，同一概念的外语表达会导致记忆或阅读理解上的困难；第二，写作，特别是对母语和外语属于不同类型的写作系统的外语学习者来说，他们的视觉适应和阅读习惯会给词汇学习带来困难；第三，在词形方面，不同的构词方法和词形变化给学习带来了困难。通常，母语和外语的差异越大、越广泛，对外语学习越不利（当然，有时过于相似的语言也容易产生理解误区）。

语言能力的正迁移是有局限性的，这一点在普遍的语言规则、语用原则中体现得尤为明显。语言文化差异越大，正迁移越不明显。对于中国学生来说英语的书面符号、语音规则、语法规则和语用原则与汉语有很大的不同，这些都会对英语阅读理解的速度、质量造成不利影响。另外，母语阅读能力不足同样影响正迁移过程。因为缺乏专门的语言学习训练，很多学生都无法在理想的基础上培养外语阅读能力。最后，态度、动机和个性等情感因素对阅读也有不同程度的影响。

（三）学习动机及兴趣

外语学习是复杂的、包含多种因素的习得过程，在这个过程中，很多诸如动机、兴趣、态度的非智力因素都会影响学习的结果。越来越多的教育工作者开始关注外语学习中的动机因素，甚至将其列为最重要的问题。学习一门外语是一个长期的过程，需要付出大量时间和努力，而且对于大多数人来说是一项挑战性的任务。学习一门新的语言，学习者可能会遇到语法、发音、词汇等种种困难，如果缺乏足够的动机，他们可能很难坚持下去并在学习中取得进步。学习者如果没有明确的学习目标或无法看到学习带来的实际收益，容易失去驱动力，降低学习的积极性。因此，培养外语学习者的动机对于其学习的成功至关重要。教师和学习者本身都可以采取措施来激发学习动机，如设定明确的目标、提供有趣且与学习者相关的教材、创建积极的学习环境、鼓励自我表达和反馈等。同时，学习者也应积极思考学习的意义和目标，并找到适合自己的学习方法和策略，以增强学习动机并坚持下去。

外语学习动机是指一个人学习外语的内在驱动力，表现为对外语知识的强烈求知欲。它包括学习者对学习外语的兴趣、期望、目标和意愿等方面的心理状态。外语学习动机可以影响学习者的学习态度、学习投入程度以及学习成果，会直接促进外语学习，使外语学习者处于积极主动的心态中。需要注意的是，外语学习动机不是一个固定的状态，它可以随着时间和情境的变化而发生变化。

一般来说，外语学习动机包括总体动机（对学习的整体态度）、情境动机（自然习得前提下有别于课堂学习的动机）、任务动机（特定的任务）。

根据一个人外语学习驱动性质的不同，外语学习可分为动机性外语学习和非动机性外语学习。前者是指学习者出于自身兴趣、个人目标或认知需求而主动选择学习外语的情况，来源于学习者内心的驱动力，学习者愿意投入时间和努力来学习外语，因为他们认为这对于实现个人目标、满足好奇心或扩大自己的知识面具有重要意义；后者则是指学习者不出于自身兴趣、目标或需求而被迫或被要求进行的外语学习，这种情况下，学习者往往缺乏主动性和积极性，学习效果可能受到影响。

从外语学习动机类型来看，在中国，只有一小部分学习者由于特殊的家庭背景或长期出国的需要而产生归附型动机，大多数学习者产生的都是工具型动机，仅出于理解外语信息的需要，其中大部分人又属于“证书动机”。受到日益频繁的国际交流的影响，“外语热”正在升温。从公民英语考试到大学英语四、六级考试，出现了前所未有的“证书热”，这是不可否认的事实。这些学习者中有许多人的分数很高，但并不代表他们的语言水平很高，他们学习的目的是获得证书，而很少考虑交流的需要和实践能力的培养。大多数大学生学习外语的动机是通过考试、获得毕业证书、就业等。但是，外语教学的最终目的在于掌握外语交流技能，而非通过考试。假如一切学习以考试为目的当然会造成知识技能的缺失。

总之，外语学习动机与学习态度、学习策略、学习成绩密不可分。外语学习动机一直受到学界的关注，但常常被忽视。教师只有了解学生的学习动机，才能采取相应的策略。如果教师不知道学生的学习动机，就很难教育好学生。

四、英语阅读中的支架式教学

（一）支架式教学理论

大学的网络多媒体英语阅读教学理论基础是支架式教学理论，来源于苏联心理学家维果茨基的“最近发展区”理论。所谓“最近发展区”是指实际发展水平与潜在发展水平的差距。前者是指学生利用现有知识通过自主学习所能达到的水平；后者是指在现有教育资源和现有发展水平的基础上，通过教师的教学和指导可能达到的发展水平。[①]

在学习英语时，由于汉语和英语的语音差异、词汇差异、语法差异都很明显，学生会受到中文语音系统的干扰，将中文的词汇结构、语法规则和思维方式直接应用到英语中，产生语音、词汇、语法上的负迁移。教师应结合学生的最近发展区，通过“支架”让学生循序渐进地掌握知识和技能，成为学习的主体。通过评估、观察并与学生积极交流，了解每个学生目前在英语阅读方面的水平，包括他们已经学会的知识和技能以及正在努力掌握的内容；根据学生的最近发展区，为他们提供适当的支持和指导，包括词汇表、图表、提示和解释，以帮助他们理解关键概念和语言结构，逐步发展英语阅读技能。

英语阅读教学的关键在于转被动为主动，转接收为探究。教师可以给学生提

① 毛齐明．维果茨基与教育[M]．太原：山西人民出版社，2019．

供一定的选择权，如选择阅读材料、学习方式或评估方式，增加学生的参与度和责任感，并培养他们在学习过程中做出决策和承担责任的能力；激发学生的好奇心和求知欲，鼓励他们提出问题、寻找答案和探索新知识；教授学生一些学习策略和技巧，例如预测、推理、关键词标记等，帮助学生自主解决问题和理解文本，逐渐掌握自主学习的技能。结合网络多媒体技术，体现学生主体地位，促进教学转型。

（二）支架式教学的高校英语阅读教学应用

1. 搭建支架：阅读预习阶段

搭建支架是教学者结合学习者的最近发展区的情况，基于学习主题建立一个思维框架，将学习者带入问题情境。教师要帮助学生树立并完善自己的概念框架，首先应该了解每个学生的当前能力水平和已经掌握的知识，确定他们能够独立解决问题的水平（即“实际发展水平”），从而确定学生需要的支援和指导。接下来，教师要从查漏补缺的角度出发，通过演示、模型或范例，向学生展示如何完成任务或解决问题，使学生能够改进知识框架；给予学生一些有针对性的提示和线索，帮助他们思考和解决问题，发挥个人潜能。教师应提供支持性材料，如词汇表、图表、参考资料等，帮助学生理解和应用新的知识和技能。随着学生的学习能力的提升，教师逐步减少对学生的支持，鼓励他们更加独立地解决问题。

2. 以读带写：课堂协作学习阶段

在语言学习中，阅读和写作是两个基本的技能。通过提高阅读能力，学生可以丰富词汇量、掌握语法和句子结构、学习写作技巧和篇章组织以及拓展思维方式。在阅读不同类型的文本的过程中，学生可以接触到各种各样的词汇和短语，从而扩大自己的词汇量，丰富写作内容，并使文章更加生动和有趣。阅读大量的英语文章可以帮助学生注意不同类型的句子结构、从句的使用方式以及连接词的运用等，从而更好地掌握句子的结构和语法规则，并将这些知识直接应用到写作中，使句子更加流畅和准确。通过阅读各种不同类型的文章，学生可以学习不同的写作风格和篇章组织方式，认识不同类型的文章不同的结构和段落分配，了解如何在写作中组织思路，包括开头引入、中间论证和结尾总结等，这些技巧可以帮助学生写出更连贯、更有条理的文章。此外，阅读不同主题和领域的文章可以帮助学生接触各种不同的观点和思想，扩展自己的知识面和思维方式，为写作带来启发，并使文章更富有深度和多样性。

因此，在英语学习中，阅读对写作的影响是非常重要的，二者是互相成就的两个侧面。与阅读相反，写作要求创作者主动产出语言表达。通过写作，学生需要将自己的思想和观点清晰地表达出来，选择合适的单词和短语，组织句子和段落。这个过程使学生更加仔细地观察和理解所阅读的内容，并提高思维能力和分析能力。同时，写作也是一个反馈和检验的过程，通过写作后的反馈和修改，学生可以发现自己在理解和表达方面的不足，并借此不断提升自己的阅读水平。

3. 独立探索：自主学习阶段

自主学习是指学习者在学习过程中自主地、主动地负责规划、组织和控制学习活动，以达到学习目标的能力。它强调学习者的主动性、独立性和责任感，不像传统教学那样以教师为主体，学习者根据自己的需求和兴趣，自己选择学习内容、学习方式和学习进度。

在自主学习中，教师的任务在于发挥情感因素的作用，激发学生的学习兴趣，营造良好的学习氛围并督促学生学习。这一过程中需要强调的是监督的作用：自主学习不能成为放任式学习，教师在引导学生进行自主学习时，需要采取适当的管理监督手法，以确保学习过程的有效性和学生的学习成果，避免自主学习变为盲目行为。在学习开始前，教师就应该明确和解释学习目标，让学生知道他们需要达到什么样的学习成果。教师在自主学习过程中扮演着指导者的角色，提供必要的指导和建议，帮助学生建立学习计划、选择适当的学习资源和方法，并解决学生学习中的困惑和问题。教师可以为学生设定适当的学习任务和时间表，以确保学习过程有明确的目标和时间框架。教师应定期评估学生的学习成果，并及时给予反馈。

（三）支架式教学模式下的阅读教学效果评价

支架式教学鼓励自主合作学习、师生互动、生生互动，旨在促进学生全面发展，其评价不再仅以学生的学习成绩为主，更包含学习过程、课堂教学效果、情感因素、思维品质等评价对象。基于支架式教学的评价方式包括学生的自我评价、小组评价和教师评价，主要评价学生的自主学习能力、小组贡献度、知识意义建构三个方面。

对于自主学习为主的网络多媒体教学来说，教学评价发挥着关键的作用。对教师来说，教学评价可以帮助他们了解教学效果是否达到预期目标，增强课程内容的针对性和实用性，优化教学设计；对学生来说，教学评价可以帮助他们评估自己的学习效果，判断自己是否达到预期的学习目标，调整和改进个人学习策略和方法，引发对新知识和技能的探究和实践兴趣，深入理解和掌握学习方法和技能。

第四章　英语教学思维创新

随着时代的发展，社会对高校的英语的教学创新抱有极大期待，因此高校需要不断更新自身思维，迎接新的挑战。本章介绍英语教学思维创新，分别从多元文化思维下的英语教学、跨文化交际思维下的英语教学、批判性思维下的英语教学三个方面进行介绍。

第一节　多元文化思维下的英语教学

一、多元文化的产生与发展

（一）多元文化的产生

从文化本身发展来讲，长期以来，以达尔文的“进化论”为基础，人们认为文化精英成员活动的总体象征，更经历了从野蛮到高度文明的发展历程。这一观点自 20 世纪 50 年代以来受到质疑和批判，文化被认为是由不同时间和地点的人们以不同的方式集体所做的事情，文化就是一定的时空条件下的一定的人类群体，他们的生活方式、习俗、秩序与生存样态这种建立在相对论基础上的文化相对论，认为文化具有历史的特殊性，其意义取决于特定的情境，这一文化的理念成为现代多元文化主义的基础。“多元文化论”认为，一个国家由不同信念、行为方式、肤色、语言等多样化民族所组成，其彼此间的关系应是相互支持且均等存在的。除此之外，被称为“多元主义的赞歌”的后现代理论对多元文化也提出了自己的阐释。这一理论认为人类发展知识的方式和人类求知的手段都有了革命性的改变，所有的观念、意义、价值全部都可以从过去的固定结构中区别出来，应该尊重文化的差异。

伴随着欧美民权运动的兴起，文化本身的发展，再加上后现代主义的张扬，多元文化不仅是事实，而且成了社会和政治生活的一个条件，成了国家政策中的一个重要组成部分。多元文化成为当今世界和社会发展中表现得尤为突出的世界文化发展问题，成为解决当今世界文化、民族和哲学价值观问题的普遍模式。①

多元文化概念本身是针对传统的单一文化概念而言的。以往的文化发展定式是在一定的区域、地域、社会、群体和阶层中存在的某一种单一文化。而多元文化则是指在一个区域地域、社会、群体和阶层等特定的系统中，同时存在的、相互联系且各自具有独立文化特征的多种文化。它不同于以往的文化存在方式，在空间上具有多样性，在时间上具有共时性。在这个概念的提出过程中，蕴含着对文化的几个基本假设。②

第一，文化的平等性。多元文化观点认为，社会是由不同民族、不同群体所组成，社会成分的多元化决定了文化的多元化，各种文化都有其独特的价值，并无优劣贵贱之分，因而各种文化都有平等的生存权和发展权。

第二，文化的交往性。多元文化是指在一个区域联合体、社会共同体和集体群体等系统内共存的，并在系统结构中存在着一定的相互联系的文化。文化间的交流和交往是多元文化形成的必要条件，也是它存在的基础。

第三，文化的差异性。各民族或集团在长期的历史发展中，通过其独特的生产和生活过程而逐渐形成自己的文化，不同民族或集团的文化各具特色，表现出多元发展的特性。即使是在同一性质的群体、集团的社会内，由于区域发展的不平衡，社会各阶层在社会中的地位和作用的不同，文化的自我更新、创造、变革的内在机制不同，使同一性质的文化在同一社会的不同区域、不同社会阶层、不同历史时期，表现出一定的差异性，从而形成了文化的多样性发展。

第四，文化的内聚性。不同的文化之所以能共存于一个共同体内，其重要原因就在于各种文化不仅承认了彼此的差异性，更重要的是它们也发现了彼此间的共性，即各种文化间存在相互借鉴的可能。从这个意义上说，多元文化的实质目的不是要突出某一种文化，而是提供处理两种以上文化间相互关系的态度和方法。

多元文化主义虽然萌芽于美国，但真正形成是在加拿大。加拿大政府在 1971 年推出的“多元文化主义政策”，标志着多元文化主义的正式形成。加拿大是一个由 100 多个民族组成的多民族国家，这些民族来自不同的国家和民族地区。加拿大曾先后是法国和英国的殖民地，在相当长的时期中，加拿大在民族问题上坚持的是民族同化政策。民族同化政策就是指政府采取法律的、行政的手段，使被

---

① 王恩铭．美国多元文化主义：理论与实践[M]．上海：上海外语教育出版社，2020.

② 曾凡贵．大学英语教学改革多元视角探索[M]．上海：上海交通大学出版社，2012.

统治民族或少数民族失去原有的特征，而被吸收、被合并于统治民族和主体民族。这种政策就是要求移民放弃自己祖国的文化与传统，接受英国和法国的行为方式和价值观。面对愈演愈烈的英法两大族裔之间的社会民族矛盾，加拿大政府正式提出了以“多元文化”取代原先的以英法文化为基础的双文化政策。该项建议得到了政府的重视。1972 年，加拿大政府内阁增设“多元文化部部长”职位，具体制定了展示各种民族文化、研究各民族历史、推进各民族交流等六大规划，各级地方政府设立“多元文化工作部”，多元文化主义政策正式在全加拿大实施。①

加拿大推行的多元文化主义政策，迅速在欧美许多国家引起强烈反响，支持者纷纷撰文，称其为解决民族问题的最佳途径。多元文化主义政策和思想在诸多国家中受宠，多元文化主义思潮也蔓延和发展起来，并作为一种政治理念和政策成为不少多民族国家解决民族问题的一个依据。

（二）多元文化的发展

进入 20 世纪 80 年代以后，多元文化主义学说作为治理国家的大政方针已经在实践中得到了运用和实施。多元文化主义的倡导者纷纷引经据典，著书立说，阐述其主张的正当性和合理性，而一些持反对态度的学者却开始对多元文化主义提出质疑，一时之间，在多元文化主义的倡导者和其反对者之间展开了一场学者间的激烈争论。加拿大著名学者凯姆利卡把这场论战称为“多元文化主义战争”。

从多元文化主义产生一直到 20 世纪 80 年代，关于多元文化主义的论争的主题主要围绕着赋予少数民族群体差异的公民权利是否具有正当性而展开。多元文化主义的捍卫者们认为一味地强调文化的普遍性很容易导致文化压迫和专制，所以他们特别强调文化的特殊性和独特性，主张尊重文化之间的差异、尊重少数民族群体的文化价值，强调少数民族群体的文化也具有同样重要的地位和作用。经过争论，人们逐渐认识到了尊重少数文化价值的重要性，开始重视少数人的文化权利。进入 20 世纪 90 年代以后，对多元文化主义的各种批评日趋增多，而且越来越尖锐。②

进入 21 世纪，随着经济全球化进程的加快，世界各国经济联系的加强，特别是在资本、贸易、金融、投资等方面的相互联系和相互依赖程度达到前所未有的水平。经济领域的联系扩大到了社会生活的各个领域，各国之间相互依存，从而打破了国家与地域之间的界限，打破了人们观念、文化上的界限，经济全球化

---

① 沃特森．多元文化主义[M]．叶兴艺，译．长春：吉林人民出版社，2005.

② 同①。

的进程打破了民族的藩篱，把各民族的文化都卷进了大交流、大融合的浪潮，使人类文化发展的大趋势沿着相互补充、相互接近和相互融合的轨迹前进，从而使各种文化在交流的规模和深度上都远远超过以往任何一个历史时代。现代科学技术的迅速发展，以电脑、电视和卫星为主体的现代化信息网络，已把世界连接为一个整体，使全球信息得以同步。信息成为主导社会发展的力量，人类社会进入信息社会。信息技术的极大发展为各国之间的信息交流提供了条件，也为教育的国际交流带来了广阔的发展前景。一方面，经济全球化进程日益加快，国际合作更为密切，国际竞争更加激烈，任何国家都无法游离于世界之外独自进行经济、政治、文化改革；另一方面，知识的价值和重要性日增，高素质的人才成为提升国家综合竞争力的核心因素。

近些年，信息社会的到来使得每个国家、社会集团和个人都越来越处于一种开放的状态之下，各种文化不断渗透与融合。在这种竞争与比较的格局中，社会与个人都在寻求新的突破，于是各民族纷纷走出自己的模式，开始接触其他民族的文化模式，各种文化相互渗透。一方面，任何一种文化都不可避免地影响着其他文化；另一方面，任何一种文化也都不同程度地吸收着其他文化从而求得自身更完善的发展。当前，世界已经成为一个巨大的信息网络，身处这个网络的人与人、地区与地区、国家与国家、文化与文化之间的关系呈现出鲜明的全球化的特点。

二、多元文化对英语教学的影响

文化与语言之间有着密切的联系，学生在进行英语学习时，必要的文化背景知识的学习，是提高其英语能力的重要方面。但传统的英语教学中，教师只注重学生对语法知识、单词量积累等理论知识的学习，对于英语文化风俗的学习却十分有限，从而使学生的英语学习在文化层面上存在欠缺，导致中国式英语的存在。

（一）语音差异使得学生的英语学习存在着障碍

我国的母语是汉语，因而是一个字一个音节，但是在英语中却不是这样，英语中一个词有可能是一个音节，也可能是两个三个，甚至是多音节词，中西语言在音节方面的差异，中国学生在学习英语时，能否正确发音就成了问题。此外，在发音问题上，还有一个很重要的因素是值得注意的，那就是音调。我国的汉语中，有四个音调，但是英语的发音规则里却没有音调的区分，学生正确地发音与交流就存在很大的困难，学生不能用中国式的音调来表达自己正确的意思。英语中虽然没有音调的划分，但却有重音，而汉语中却没有，这也是重要的区别之一。因此，在我国的具体英语教学实践中，教师应注意对每个学生音节、重音等方面的培养与训练，让学生发出正确的发音。当然，教师还可以开展一些英语活动，让学生进行口语的练习，如学唱英文歌曲、朗诵诗歌等形式，都是很不错的练习方法。

（二）词汇差别使得理解发生分歧

中国与西方国家之间的差异有很多，如说话方式、问候方式、风土人情等方面都有明显的差别。比如在词汇的学习中，有一些词就表现很明显，如“freeze”这个词的基本含义是“冰冻”“结冰”，在一些英语教材中也只介绍这个含义，但是在美国，“freeze”却是人人皆知的日常用语，是“站住”“不许动”的意思。又如“狗”在不同文化中有着各自的象征意义。在中国，狗通常被视为忠实的象征，但在某些具体的语言应用中，如果有人说“你是个像狗一样活着的人”，这往往带有贬义。此外，像“狼心狗肺”这样的成语中，“狗”也多用于表达负面含义。在英语中，“old dog”经常用来指一个经验丰富、技艺高超、精明老练的人。当有人说“You are old dog.”时，并不是在骂人，而是表达对对方的赞赏。在日常生活中，人们也将那些幸运之人称为“lucky dog”。对于这些词汇上的用法，教师应对学生进行必要的训练与扩充，使得学生在具体的英语对话中能够充分了解交流对象的语意，从而更好地与西方人进行沟通。

（三）语法结构与句子构成导致出现中国式英语

如果学生不能充分理解英语句子的构成，那英语写作与阅读能力的提高，将会非常困难。在日常的英语学习中，很多学生由于不能够掌握英语语法与句式，因而出现了很多中国式英语的句子，如“Hours read English everyday, My English level high”这样的句子是用汉语的思维写下来的，它完全不符合英语的表达要求。虽然这只是英语语法表达方面的错误，但究其根源，这是由中西方不同文化特点导致的。有些中国学生在中国式思维下，对英语句子进行组合与书写，使得中国式英语现象一直存在。因此，在具体的英语教学中，教师应对学生进行西方思维习惯的培养，使得学生在语法结构方面对英语有更好的认识，从而促进英语能力的提高。

三、多元文化的教育作用

多元文化在世界范围内的不断发展对教育研究也产生了重要的影响。多元文化教育的发展走向如下。

（一）促进教育从一元走向多元

纵观人类文化发展历程，经过了文化一元隔阂，到文化多元并存，再到文化多元互动的过程。教育因其与政治、经济、文化的密切关系，面临着新的国际境遇带来的挑战。教育应当成为和平的促进者；教育应当承担起培养年轻一代具有宽容、鉴赏、公平、尊重以及思考自由的品质和责任；教育不仅要宣传文化历史与传统对当代社会多种文化的重要意义，更要致力于对文化的过程性、连贯性与变化性的理解与把握，促进文化的认同。教育应当成为引导学生尊重与理解其他文化、促进人类文化平等与和谐、推动世界稳定与发展的重要手段。多元文化教育包括了为全体学习者所设计的计划、课程或活动，而这些计划、课程或活动，在教育环境中能促进尊重文化的多样性及增强理解可以确认的不同团体的文化。这种教育能够促进整合和学业成功，增进国际理解，并使其同各种排斥现象做斗争成为可能，其目的应是从理解自己人民的文化发展到鉴赏邻国人民的文化，并最终鉴赏世界性文化。

世界各国、各民族自古以来的多元文化教育系统及其实践各具特点，为改进、提高、相互学习、借鉴提供了巨大的潜能和丰富的资源，成为教育改革、教育创新的巨大资源库，这些资源不仅为教育提供了丰富的内容，同时也为教育成效的取得提供了丰厚的沃土。因此，当下的教育应当从多种文化中吸取养分，向学生展示世界不同文化间的异同，并为促进多种文化的生存与发展做出努力。

（二）促进教育从隔离走向理解

当今世界，人类活动范围逐渐扩大，人类社会由封闭、半封闭与隔阂的状态转变为半开放、开放与相互交往的状态，社会经济由地方性、自给自足向全球化转变。历史的进程要求过去的文化孤岛被文化多元所替代，文化的排他性被文化的包容性所替代。不同人类群体间的交流也越来越频繁、密切，文化间关系由相互疏远到相互接近，由相互孤立到相互依赖。这种世界文化格局及其所带来的文化怀乡的愁绪以及对民族文化的追思，引导人们从一个更新、更高、更远的视角去思考教育所培养的人的品格，去重新审视人类的文化与各民族文化，去建构新的世界文化图景。与此同时，文化人类学的研究成果揭示了文化差异背后人类的相似性与相通性，为各不同文化民族的相互尊重、相互沟通提供了人类学的启示。

（三）促进教育从封闭走向开放

就全球范围而言，为冲破文化边界的藩篱，解决文化间的冲突而实施的教育政策经历了三个发展阶段，即由突出种族优越感的同化教育，演化到多种文化并存的多元一体化教育，然后过渡到多种文化互动的多元文化教育。第一阶段的主要特征为种族中心，试图融合全部现有文化使之遵循一种文化普世原则；第二阶段的主要特征为种族多元，是一种基于对各种文化认可基础上的文化多元视角的教育；第三阶段的主要特征为种族互动，是一种基于对多元文化关系的洞察基础上的、符合文化发展规律的各种文化间的相互接触、相互渗透、相互影响的教育。多元文化教育的发展历程实际上是社会文化发展的历史脉络以及当代社会的文化间的平等交流、多样化发展的关系的反映，是一个从地区性教育行动到全球性教育行动的演变过程，是一个从文化静态取向教育到文化动态取向教育的转变过程。因此，新的世界局势要求重新审视主流文化教育的出发点与归宿，正视与改正教育中存在的局限性，满足多文化群体的文化需求，保证各种来自不同文化群体的学生能够学业成功。

四、多元文化下英语教学的原则与启示

多元文化对教学同样产生了一定影响，在多元文化视角下，出现了多元文化的教学原则，多元文化也会为高校英语教学带来新的启示。

（一）多元文化下英语教学的原则

1. 文化性原则

学生学习英语不仅仅是学习单词及其语法，同时也是在学习语言文化。语言既是文化的一部分，也是文化的重要载体，因此文化教学理应成为语言教学的重要组成部分。

加强文化知识的传授，鼓励学生积极参与实践，教师在强调学生基础知识积累的同时，也应该注重学生英语交际能力的培养，注意英语文化知识的传授。例如，在课堂上讲授有关文化的知识，鼓励学生利用课堂、课外进行练习和巩固，积极举办英语“沙龙”活动或进行英语演讲比赛、话剧表演，开展英语讲座、听报告听广播、看录像等，培养学生实际运用语言的能力和技巧，提高学生的听、读、写、说能力，增强学生的知识积累。在教材的处理上，教师可以结合课本内容，不断拓展、引出相关的文化信息。词汇是语言中最活跃的成分，也是最大的文化载体之一。因此，在平时的教学中，教师应注意介绍英语词汇的文化意义。

在语法教学中，教师也可以结合多元文化进行讲授。教师可以通过适当的英汉语言对比，启发学生讨论，增强学生的学习兴趣，增加信息量，扩大知识面，

帮助学生牢固地掌握英语语法，提高他们运用英语的能力。

2. 交际性原则

英语学习的最终目的是使用英语，英语教学的最终目的是培养学生对英语的综合运用能力。因此，在教学过程中，教师要始终遵循交际性原则，以培养学生的交际能力为最终目的。也就是说要培养学生能够运用所学的语言知识在不同的场合、对不同的对象进行有效得体交际的能力。

（二）多元文化对英语教学的启示

1. 激发学生对文化差异的学习兴趣

无论学什么，只有在自己真正感兴趣的情况下，学生才会充分发挥自己的主观能动性。学习英语也是如此。因此，在传授跨文化知识时，培养学生对文化差异的学习兴趣是英语教学必须考虑的一个方面。教师只有不断地改进教学方法，增加新的教学内容，将趣味性贯穿于教学过程之中，才能调动学生的兴趣，激发学生学习的热情。

教师可以通过教学方法、教学内容的对比激发学生学习文化差异的兴趣。介绍文化背景，比较文化差异，最好的方法是透过语言看文化，通过所学的语言材料了解其中所含的民族文化语义。通过这种方法，教师可以把枯燥无味的词语解释、语法讲解等变得形象生动，使学生在活跃的气氛中不仅学到英语语言知识，还领略到英语民族文化，更重要的是能引起学生对文化差异的学习兴趣。

教师是教学的主导者，而学生是教学的主体，在教学中处于中心地位，教师传授的知识最终要由学生加以理解、吸收，而学生跨文化交际的能力主要靠实践来培养。英语教师应根据教学内容和学生特点，在课堂上采用灵活多样的教学方法和教学手段，并帮助学生养成坚持不懈、持之以恒的英语学习态度。在培养学生的学习兴趣的同时，教师还应当帮助他们养成良好的学习习惯，也就是教会学生学习方法。如果学生只会整天抱着课本死记硬背，则很难提高实际的英语交际能力。教师在教学中一定要结合具体教学对象的学习实际采用行之有效的教学方法。英语是一种工具，英语学习是一个漫长的过程，文化信息需要日积月累，并且只有通过持之以恒的学习和大量的实践训练才能做到活学活用，获得驾驭英语语言的跨文化交际能力。

英语教学要把讲解语言知识和介绍文化背景知识、比较中英文化差异有机地结合起来，充分发挥文化背景在教学中的积极作用，培养学生对文化差异的敏感性。

2. 培养学生的跨文化意识

跨文化意识如此重要，因此教师在教学过程中必须重视对学生跨文化意识的培养。在英语教学中，教师要充分利用现代化的教学手段，介绍英语国家的文化背景，让学生最大限度地接触一些英美本土文化信息。对跨文化的敏感性主要来自两种途径：第一种是直接途径，也就是通过在外国文化中生活、体验的方式来获取文化信息，培养对异国文化的敏感性。这对我国国内的学生来说显然不可能。因此，我国英语教师可以采用第二种途径，培养学生的跨文化意识，即间接途径。间接途径的方法有很多包括课堂学习、课外阅读、收听英美广播、观看一些英文图像资料等。但是英语课堂教学毕竟有一定的局限性，因此，通过课外学习活动是培养学生的跨文化意识的有效途径。教师应该鼓励并指导学生开展形式多样的课外学习活动，特别是要借助于先进的现代化教学手段，加强学生的语言听说训练，直接在英语学习中给学生导入英语文化背景知识。教师应该鼓励学生观看英文原版电影、录像。由于英文原版电影、录像都具有浓厚的英语文化气息，因此观看英文原版电影、录像是提高文化差异敏感性的一种非常有效的手段。对缺少英语语言环境的我国英语学习者而言，最大的困难就是从课本里学来的英文知识通常与现实生活中的语用实际脱节，而观看英文录像不仅可以扩大词汇，增强听、说能力，还能从中学到很多文化知识，在动态的电影录像情景中，通常会让他们对外国文化更容易理解，印象也更为深刻。

3. 增强学生的跨文化感悟力

通过文化差异的比较，学生会在头脑中形成一种潜在反应能力，这种能力就是通过语言这一载体对英语所反映的文化内容的综合性的理解能力，也就是我们常说的文化感悟力。

在英语教学中，教师应注重对英语国家文化背景的介绍，通过比较英汉文化的差异，让学生明白不同的语言以及语言背后的不同文化，使学生能在适当的场合用适当的英语表达自己的思想，实现培养和提高学生运用英语在跨文化语境中正确交流的能力。增强学生的跨文化感悟力，需要教师引导学生接触、理解文化差异。教师可以在课堂中教授文化知识。教材中有不少关于英语国家的生活方式、行为规范、价值观念、历史地理、文化艺术、风土人情、传统习俗等方面的对话和课文，教师应该让学生注意这些文化知识，培养学生对英语国家文化的感悟力。英语教师还可通过指导学生开展课外活动学习西方文化知识，如带领学生多读一些英语书籍、多听一些英语广播、多看一些原版影视资料，还可以通过指导学生开展英语角、英语晚会、专题讲座以及其他课外实践活动，使学生在不断接触英语文化的环境中比较中英文化的差异，培养跨文化意识，增强跨文化感悟力。学生增强了跨文化感悟力，就容易理解交际中出现的文化差异了，如一见到“black tea”，头脑中立刻明白这是中国人常喝的“红茶”。

总之，只有在教学中充分挖掘课程中的文化内涵，引导学生了解英语文化知识，才能使学生认识到中西文化的差异，认识到世界文化的多元化，增强跨文化感悟力，最终形成较强的跨文化交际能力。跨文化意识就是指学生对外国文化和中国文化异同的敏感程度以及在语言交际过程中根据外国文化调整自己语言行为的自觉性。跨文化意识在现代的跨文化交流中有十分重要的作用，缺乏跨文化意识通常会造成跨文化交流的失败。值得注意的是，在跨文化交流中，语言上的错误通常容易被别人所谅解，但是由文化差异所引起的错误比语言性的错误更为严重，难以得到别人的谅解。传授文化知识的目的在于培养学生的跨文化意识，使学生能够自觉地按照英语的文化习惯使用英语进行交流。如果忽略或轻视了跨文化意识的培养，就会造成只教授语音、语法规则、词汇这些纯语言知识的局面，从而影响了学生的语用能力，使学生不能正确地运用英语进行交流。

第二节　跨文化交际思维下的英语教学

语言变化与社会发展同步进行，英语教学作为一门应用型学科必须以社会发展和学习者个人进步的需要为出发点，以帮助学习者适应社会的政治、经济及文化发展为己任。跨文化交际成为当今世界交流的时代特征，跨文化交际能力成为学习者适应这一时代发展需要的必备能力，跨文化英语教学在这种背景下应运而生。

一、高校英语跨文化教学基础

（一）语言教学与文化教学的关系

语言与文化之间密不可分的关系已经得到广泛认可。传统外语教学的基础学科——语言学，也从单纯的语言形式研究的禁锢中解放出来衍生出了社会语言学、语用学、心理语言学等分支学科，进行了大量跨学科研究，使语言与思维、社会、文化和交际之间千丝万缕的联系逐渐被认识。任何一种语言的产生和发展都依赖于该语言群体及其赖以生存的社会文化。语言不仅具有表情达意的交际功能，它还是感知和思维的表现系统，前者是语言的外显功能，以语言输入和输出为形式；后者是语言的潜在功能，属于认知心理活动。两者相辅相成，构成语言使用的全过程。

人与人之间的交际都是从个体对外界环境进行选择性的感知开始的，这个感知活动受个体的语言、文化和经历的影响。客观事物通过人的感官感知，然后经过大脑加工转换成概念或思想，这两个过程构成语言表达的第一阶段，即输入、内化阶段。要让对方知道自己的思想，还必须借助语言系统外化自己的感知结果和思想，这就是语言使用的外化、输出阶段。这一过程首先是将已经形成的概念和思想转换成能用的外化的一个新的符号系统。这不是真正意义上的语言学习，在这种情况下，学习者学到的只是一套脱离了原来文化内容的符号系统，学习者只能用它来表达自己本族文化的一些思想内容，却无法将其作为与目标语言群体进行交流的工具，因为离开了该语言所反映的社会文化现实，这一新的符号系统就好像一个没有血肉的、僵化的躯干，失去了其原有的活力和价值。

跨文化交际能力这一概念将跨文化交际学和外语教学两门学科联系起来，使两个原本独立的学科开始相互渗透、相互借鉴。外语交际能力作为跨文化交际能力的重要组成部分，逐渐受到跨文化培训人员的重视。文化与语言血肉相连，文化知识的学习和跨文化交际能力的培养理应成为外语教学家族中的成员。

（二）跨文化英语教学是英语教学发展的需要

英语教学是一门极其复杂的应用型学科，涉及学生的认知心理、教师的教育观念、社会的政治、经济环境等诸多方面，因此，英语教学理论的建立需要借鉴很多不同学科的研究成果。而且，由于英语教学的宗旨是为社会和学生个人发展服务，培养社会发展所需要的人才，所以随着社会的飞速发展，英语教学工作者也应及时更新观念、调整教学大纲和教学方法，以跟上时代发展的步伐。

跨文化英语教学无论从语言与文化的关系，英语教学的需要，还是从社会发展的外部环境来看，都是十分必要的。一方面，文化作为外语教学的有机组成部分，为语言学习提供了真实而又丰富多彩的语境，使语言学习与真实的人和事物联系起来，从而提高了学生学习外语的积极性，激发了他们的学习热情，因此有利于促进英语语言教学，提高教学效果。另一方面，将语言教学与文化教学结合起来符合跨文化交际能力培养的需要，因为不学习目标语言、不通过交际实践，只通过媒体等渠道了解目标语国家的文化，只能是一种间接的文化学习，学生不可能获取跨文化交际的亲身体验，因此很难在情感和行为层面达到跨文化交际能力的要求。在英语教学中进行跨文化的教授可谓一箭双雕，既满足了语言学习的需要，又促进了学生跨文化交际能力的提高，从而充分发挥了英语教学的作用。

二、跨文化英语教学的目标与特点

（一）跨文化英语教学的目标

跨文化英语教学的总体目标是提高学生的英语交际能力，培养学生的跨文化交际能力。跨文化英语教学是交际法英语教学的延伸和发展。提高英语交际能力是交际法英语教学的最终目的，但它只是跨文化英语教学的一部分，是促进跨文化交际能力培养的一个重要手段。这并不意味着英语交际能力培养应该附属于跨文化交际能力的培养，或者是一个次要的教学目标。

实际上，在跨文化英语教学中，两个目标的实现同等重要。英语交际能力以目标语言和文化的学习为核心，以语言交际能力和阅读能力的提高为重点，是英语教学实用的语言文学目标。跨文化交际能力的培养作为英语教学的高级目标，通过进行文化对比，增强跨文化意识，学习普遍文化知识，培养多视角的、灵活的、立体的思维能力和与不同文化群体进行交际的能力，发挥英语教学对于学生个人素质和综合能力培养所具备的潜力，这是英语教学的社会人文目标。虽然在一定程度上，英语交际能力是跨文化交际能力的前提和基础，但是，跨文化交际能力的培养过程同样可以促进英语交际能力的提高，因此，它们之间是一种相辅相成、相互渗透、共同发展的关系。

对英语交际能力的研究经历了一个发展完善的过程，基本上已经形成了一套相对稳定、成熟的理论体系，这些理论在英语教学实践中得到了检验和充实。同样，跨文化交际能力作为跨文化交际研究的主要课题之一，也受到许多研究者的重视。由此可见跨文化交际能力在英语教学和跨文化交际两个学科领域之间所起的桥梁作用。尽管英语交际能力和跨文化交际能力都已在各自的领域得到了极其充分的研究，但是跨文化英语教学的目标和内容并非两者的简单相加。由于语言与文化教学的有机结合是跨文化英语教学的本质特征，因此一个相互渗透、融为一体的语言和文化教学框架才是我们追求的目标，语言与文化的有机结合应该从确定教学目标开始，贯穿英语教学的整个过程。

英语中用 goals、aims 和 objectives 三个词来表达不同层次的教学目的。英语教学的目标，即 goals，这是对教学目的的一个总体、抽象的描述。只有对抽象的目标进行具体分析，才能将其转化成可供英语教育工作者进行教学设计的依据和参考，这些细化了的目标就是教学目的（aims）。与这些目的相伴而生的是衡量达到这些目的的标准（standards）。目的和标准的确定非常重要，一方面它们是对总体目标的细分，是总体目标实现的衡量标准；另一方面他们又是对教学具体实施的指导，是确定课堂教学目的（objectives）和教学活动的基础，同时也是教学评估和测试的基础。这种承上启下的作用决定跨文化英语教学要得到英语教学界的普遍认可，成为一个健全、合理和实用的英语教学法，必须有明确的教学目的和标准。

教学目的和标准的确定基本上属于一种政府行为，一般是由政府教育机构发起，委托数名专家组成项目组进行调查研究，提交研究报告，最后再由教育部门审定和颁布，并监督实施，如美国 1996 年公布的面向 21 世纪全国外语教学标准以及各州随后根据这一全国标准和地区的实际情况所制定的外语教学的目的和标准。这说明教学目的和标准的确定受社会文化、政治、经济等客观环境的影响，虽然跨文化外语教学的本质特点适用于任何国家和地区，但是其教学目的和标准以及教学方法在美国和欧洲可能有所不同。在中国的国情下，跨文化英语教学也应该具有自己的特色，不能一味模仿、全盘照搬西方国家的做法。下面从知识和能力层面对中国特色跨文化英语教学的特点进行阐释。

1. 知识层面

知识层面的特点主要表现为培养语言意识。语言意识即知道语言的基本特点和功能，理解语言和语言使用与社会文化之间的关系。文化意识是知道文化的基本概念和特点，理解文化与语言之间的相互作用。目标语国家的文化知识包括交际风格，非语言交际特点，社会习俗，社会结构，价值观念，历史、地理和环境，文学和艺术，等等。

2. 能力层面

外语交际能力包括语言能力、非语言交际能力、社会文化能力、交际策略。跨文化交际能力指的是能够观察和分析文化现象，能够将目标语国家的文化与本族文化进行比较，能够反思并更好地理解本族文化，能够接受文化差异，将文化差异与不同的价值、意义系统联系起来，能够根据交际场合和交际对象调整自己的言行，能够以跨文化的人的身份参与跨文化交际，做一个文化协调员，能够采用灵活的、多角度的立体思维方式，意识到不同文化没有好坏优劣之分，只有异同的存在。以上跨文化英语教学的目标框架以培养学生英语交际能力和跨文化交际能力的总目标为宗旨，为教学内容的选择、教材的编写、教学方法的设计、教学测试和评估以及教师培训等环节提供了依据和参考。

（二）跨文化英语教学大纲的特点

1. 文化与语言构成英语教学基础

内容文化是语言存在和使用的环境，通过学习语言形式和语言使用中所蕴含的文化内容，使语言学习更加全面深入，真实生动。语言教学材料因为文化内容的全面渗透而被置于一个真实的、丰富多彩的文化环境之中，拉近了学习者与学习对象之间的距离，使学习个人化、自主化，有利于提高学习者英语学习的积极性，促进英语交际能力的提高。从这个意义上来说，文化学习的目的是更好地学习语言，文化学习是语言学习的手段。这种观点得到了很多研究者和教师的认可，并在英语教学中广泛传播。然而，在跨文化英语教学中，这只是一个方面。

语言是对文化的反映，语言学习必然是文化的学习。语言学习的目的是习得目标语言，掌握一个新的交际工具，它同时也是为了开阔眼界，学习者通过学习和使用目标语言，来学习和体验目标语国家的文化，并在此基础上接受跨文化培训，培养跨文化意识，获取跨文化交际能力。所以说，语言学习是文化学习的手段，而文化学习是语言学习的最终目的。

值得一提的是，母语和本族文化在这一教学过程中起着十分重要的作用。它们虽然不是教学的主要内容和目的，但是在培养语言意识和文化意识、进行文化对比时，母语和本族文化的作用不可轻视。而且，根据跨文化教学的标准，反思并更好地理解本族文化也是教学目的之一，因此制定大纲时应该考虑这一点。

2. 文化教学与语言教学有机结合

处于同等重要地位的语言与文化内容的有机结合贯穿外语学习各个阶段、各个环节（英语教学计划、课堂教学和教学评估与测试等）和各门课程（听、说、读、写等）。虽然根据学习者的语言、文化和认知水平，在不同阶段语言和文化的学习会各有侧重，但是就英语教学整体来说，两者处于同等重要的地位。当然，语言与文化在英语教学中的有机结合并非易事。教学内容的改变和不熟悉的教学要求通常会使缺乏经验的教学设计者和教师难以兼顾。这就要求大纲制定者、教材编写者和教师等密切合作，充分研究语言与文化在教学中结合的途径，将研究结果转换为实用性强、操作性强、系统化的大纲、教材和培训项目，给教师以足够的准备和实实在在的帮助。

跨文化英语教学的目标是通过高校英语教学，以及持续到大学毕业后的英语教学和社会实践来实现的，这是一个连续的、一贯制的学习过程，在这个过程中有很多因素会对教学效果产生影响，其中教学目标、课程设置、教学活动、教学方法、教学原则、教材、测试方式和教师等因素起着决定性的作用。

三、跨文化英语教学的原则与方法

（一）跨文化英语教学的原则

一般来说，教师是教学的主要执行者，是教学的主体，韩愈所说的“传道授业解惑”就是对教师的主导作用的精辟描述。但是在跨文化英语教学中，教师的主体作用得到了不同阐释，学习者的中心地位凸显出来，英语教学也因此呈现出不同的特点。

1. 以学习者为中心

学习者是学习过程的真正主体，教师的教学、教材的编写以及教学方法的设计和选择都必须围绕学生的实际需要进行。在跨文化英语教学中，不仅学习者的英语语言学习需要受到应有的重视，在整个教学过程中，他们对母语和本族文化的体验和理解，对目标语国家的文化和其他文化的态度，个人综合素质的提高，包括立体思维方式的形成和跨文化交际能力的培养，甚至对整个人生的态度等都需要受到重视。学习者的过去、现在和未来密切相关的主题都是教学设计和教学活动的考虑因素。就教师而言，引导学习者自主学习是其主要任务，虽然知识的传授和规则的讲解仍然必不可少，但是教学的中心应该转向学习者自主学习能力的培养。这一点对跨文化英语教学来说非常重要，原因之一是当今世界信息爆炸，知识不断更新，培养终身学习的思想和学习习惯，掌握独立学习的方法成为教育界普遍关注的一个趋势。另一个原因是跨文化英语教学的目标和内容相对于传统的外语教学而言扩大和增加了无数倍，而教学时间基本不变，不可能有大幅度的增加，因此学习者在校期间有很多教学内容无法接触和学习，教师只有通过“授之以渔”的方法，才能确保教学目标的最终实现。这也是为什么将学校学习之后的英语和文化学习也纳入整个教学体系的原因。以学习者为中心、以学习为中心的思想在后面几条原则中也都有体现。

2. 语言教学与文化教学有机结合

语言和文化在跨文化教学中互为目的和手段。英语发展成为国际通用语的原因之一是跨文化交际日益频繁，来自世界各地、各民族、各文化群体的人们需要这一通用语作为沟通和交流的媒介，因此英语学习的目的之一就是进行有效的跨文化交际。而且，由于英语语言学习本身涉及文化的学习，所以我们完全有理由说，英语语言的学习是文化学习的手段，文化学习和跨文化交际是英语学习的目的。反过来，文化学习为英语语言学习提供丰富多彩、真实鲜活的素材和环境，大量文化材料引入英语教材和课堂，不仅使英语学习妙趣横生，而且是英语交际能力培养的重要保证。总之，跨文化英语教学包含语言教学和文化教学两个相辅相成、不可分割的方面。

所以，在教学设计和课堂教学中语言教学和文化教学必须有机结合。这种结合体现在外语教学的各个阶段、各个环节。虽然根据学习者的认知水平和学习需要，在不同阶段和不同课程中，语言和文化各有侧重，但是在跨文化英语教学中没有单纯的语言课或文化课，要能找到两者的结合点。

3. 从直接具体向间接抽象过度

不同年龄层次的学习者在认知水平、情感发展和经历、经验上都有很大的差别，这些差别必然导致教学内容和教学方法的不同。一般情况下，对于年龄较小的学习者来说，与他们的生活和学习息息相关的、具有可比性的、具体的、直观的教学材料较为合适。随着学习者认知水平的发展，心理承受能力的增强和人生体验的增加，语言和文化教学内容的深度和广度逐渐扩大到一些间接的、复杂的、需要进行抽象思维的意识形态领域。就文化教学而言，这种相关性和适合性的原则至关重要。跨文化交际能力的培养是一个漫长而复杂的过程，在这个过程中，由于学习者对母语和本族文化理解与体验是学习过程中不可缺少的一部分，学习者在学习外国文化的同时，还一直处于一种自我认识、自我反省、自我批评、自我完善的状态之中，任何与他们的经历和认知能力相距甚远的教学内容和方法都将背离以“自我”与“他人”比较对照的文化学习原则。

（二）跨文化英语教学的常用方法

近年来，随着跨文化培训和英语教学的蓬勃发展，文化教学方法和文化与语言结合教学的方法层出不穷，首先介绍几种常用的文化教学方法，然后对如何在实际教学中将文化教学与语言教学有机结合进行探讨。

1. 文化教学的常用方法

文化教学方法大多是由跨文化培训专家通过实践，结合社会学、文化学、教育学和心理学的相关理论研究开发出来的。目前，广泛使用的方法归纳起来有以下几种。

（1）文化讲座

讲座作为传授知识的一种有效手段，对于文化教学来说也是必不可少的。跨文化交际能力的培养需要学习者了解和掌握相关文化知识，如文化的本质特点和功能，文化包含的内容和范畴，不同文化的价值观念和习俗规范等，都可以通过讲座的形式传授给学习者，不同文化主题构成一系列的文化知识讲座，有利于学习者进行系统文化知识的学习。但是文化讲座提供给学习者的大多是间接的经验，而且大量冗长的讲座通常会使学习者感到厌倦，所以我们在设计讲座时应该力求简明扼要、生动有趣，而且还要辅之以其他方法来强化讲授内容。

（2）关键事件

通过分析实际跨文化交际中发生的具有典型代表意义的失败案例来说明跨文化交际中误解产生的原因，帮助学习者了解两种不同文化在某个方面的不同期望和表现。具体做法是，首先对来自不同文化背景的交际双方之间所产生的误解及情景进行描述，然后给出四个解释误解产生的原因的选择，让学习者根据自己的理解进行选择，如果一次选错，就请他们再选，直至选对为止。由于这些案例通常来自真实的交际，对学习者来说非常有趣，而且因为这些案例具有代表性和启发意义，能够刺激学习者在阅读案例和选择答案时进行思考，有利于跨文化敏感性的培养。

（3）模拟游戏

这是一种亲身体验式的活动，旨在挑战假想，扩大视野，促进能力的提高，学习者通过模拟游戏可以感受一些自己尚未经历过的情景，从中获取经验和认识，这对于文化学习者来说至关重要。

以上各种方法虽然以跨文化能力培养为主要目的，但是经过变通和再设计也可以与外语教学有机结合，成为跨文化外语教学的方法。

2．文化教学与语言教学结合的方法

除了以上文化教学的各种方法之外，教师应改变观念，通过对传统英语教学方法和手段进行改革，开发出一些将文化教学与英语语言教学有机结合的方法。

（1）通过文学作品分析来进行文化教学

文学作品分析是语言教学的一个常用手段，中国很多英语教学活动都是通过分析和欣赏文学作品来进行的。文学作品蕴含丰富的文化内容，语言形式和文化内容在此得到完美结合，因此在文学作品分析的过程中同时进行语言教学和文化教学不仅是可能的，而且也是必要的。实际上，传统的语言教学在分析文学作品时并没有避而不谈文化内容，只是教师没有将文化教学列入教学目标，文化内容的讲解服务于语言教学的需要，处于一个从属的、次要的地位。要改变这一现状，我们必须在确定教学目标时，考虑文化教学的需要，使文化教学内容和语言教学内容并列成为教学关注的对象，可以利用语言和文化完美结合的优势进行教学，即利用文学作品进行跨文化教学。

（2）词汇教学与文化教学的结合

任何语言的词汇都承载着丰富的文化信息、每个词所包含的文化内涵是任何词典都无法穷尽的，如“早饭”一词在汉语、英语和法语中，不仅表达形式和发音不同，而且其文化所指也不尽相同。此外，不同语言中的词汇还反映说话者不同的价值观念。正因为词汇及词汇的使用具有浓厚的文化特点，我们在进行词汇教学时不能只停留在词汇的意思和用法上，还应该介绍词汇包含的文化内容，尤其是要呈现词汇在真实文化语境中具体使用的情况。就目前的外语教学而言，词汇教学中文化教学的潜力没有得到充分挖掘，教师通常呈现给学生的都是从词典下载的词义解释，很少能将词汇所蕴含的文化意义介绍给学生。另一个问题是学习者在学习生词时通常处于被动接受的状态，这就导致他们所学的词汇成为一组僵化的符号，无法在真实的交际活动中加以运用。

我们在对词汇的本意、比喻意义和文化内涵进行全面介绍的基础上还应该将它们置于真实的文化语境中进行操练，让词汇知识转换成词汇使用能力。例如，我们教描写人物的形容词时，除了介绍词义之外，还可以选择一些来自本族文化或目标语国家文化的、真实的历史或当代人物，用这些形容词来进行描述；也可以让学习者用这些形容词来描述自己。这样做，学习者既可以学会这些描写形容词的词义，也能了解它们的文化内涵，还有机会接触来自不同文化背景的历史人物故事。显然，这种词汇教学方法将词汇教学与文化教学有机结合，不仅使词汇学习生动有趣，而且将文化学习落到实处。语义场的使用也是词汇教学与文化教学有机结合的一种手段。

（3）阅读教学与文化教学的结合

阅读教学被认为是最容易与文化教学联系起来的教学活动之一，因为只要我们选择那些包含文化内容的阅读材料即可实现语言教学与文化教学的有机结合。然而，事实并非如此，目前有些教师并不能很好地利用阅读教学的这一优势进行有效的文化教学，或是因为受传统的以语言形式为中心的教学思想的影响，或是因为对目标语国家文化知之甚少。教师多致力于提高学生阅读速度和阅读理解能力，关注的是语音、语法、词汇、句型和翻译等语言学习的内容，在很大程度上忽视了阅读篇章中蕴含的文化信息，即使谈到相关文化的某些内容，通常也不是以增强学生的文化能力为目的，而只是帮助他们理解篇章本身。总之，目前外语阅读教学并没有将文化教学列入教学目标和内容，因此文化教学也不是真正意义上的文化教学。

要真正实现阅读教学与文化教学的有机结合，必须在确定教学目标和教学内容时考虑文化教学的需要，在实际教学中可以通过设计读前和读后任务将学习者的注意力吸引到篇章内容上，进行相关文化的讨论和学习。例如，在阅读一篇关于美国饮食文化的英语文章前，我们可以提出一系列有关学习者本族文化中饮食习惯的问题，让他们进行读前热身。然后建议他们在阅读文章时注意美国饮食文化与自己的饮食习惯的异同，读完文章后，学生在回答有关美国饮食文化的相关问题的同时，进行文化对比。教师对语言点的解析应适时融入课堂讨论，或于文化教学活动结束后进行，确保语言的学习不会影响到对篇章内容的理解和文化议题的讨论。

语言与文化在教学中有机结合的形式不仅限于以上几种。随着跨文化英语教学思想的不断深入人心，相信更多更好的结合形式将会被开发和应用。然而，在此必须强调教师和学生转变教学观念的重要性，要真正做到语言教学和文化教学的有机结合，教师须认识到英语教学应该承担双重任务：既要促进学习者英语交际能力的提高，又要帮助他们培养人文素质，形成立体多维的思维方式，成为具有跨文化素养的人。只有在这一前提下，我们才能确保跨文化英语教学思想得到有效贯彻和实施。

四、跨文化英语教学中的教师

（一）外语教师与文化教学

在外语教学中进行文化教学已经有很长的历史，文化教学对于外语教师来说并不陌生，他们或是因为自己的认识和感悟，或是迫于教学大纲等外部环境的要求和规定，都有意无意地以不同方式从事着文化教学活动。然而，即使在文化已在大纲中被明确确定为外语教学的内容和目标之一的国家和地区，文化教学的现状也令人担忧。这种担忧主要体现在教师对文化教学的态度、理解和实践等都无法满足跨文化外语教学的需要。来自不同国家和地区的一系列调查研究报告有力地证明了这一点。

大多数调查都发现了这样一个有趣的现象：很多外语教师对文化教学的理解和认识与他们实际的教学有很大的不同。他们对文化教学表示强烈的支持，而且也认识到文化教学有很多好处，愿意采用各种手段和材料进行文化教学，但是在实际教学中，他们却似乎完全抛弃了这些认识和理解，仍然按照传统的教学观念和教学方式进行语言教学。

（二）跨文化外语教学对教师的要求

跨文化外语教学的目标是在提高学生外语交际能力的同时，培养他们的跨文化意识和跨文化交际能力，进而培养他们多视角、立体的思维能力和综合素质。

这就需要充分挖掘外语教学的文化教学功能，将外语教学与文化教学有机结合、融为一体。显然，扩大了的教学目标和教学内容对教师提出了新的要求和挑战。一般来说，外语教师除了具备良好的外语语言功底之外，还应该掌握三个方面的知识和能力：外语学习理论、外语教学法、课堂教学实践。

外语学习理论是关于外语学习的本质、过程和规律，是指导教师进行教学的理论基础。外语教学法知识帮助教师理解教学目的和内容，了解各种教学方法的优劣，是学习理论和课堂实践之间的桥梁。课堂教学实践则是对教师具体教学活动安排和实际课堂组织能力等方面的要求。

由于跨文化外语教学增加了文化教学层面，强调跨文化意识和跨文化交际能力培养，对外语教师的要求显然不够。除了这些条件之外，跨文化外语教学要求教师还应具备其他教学素质，下文就从知识能力和态度三个方面来逐一阐释。

1. 知识层面

从知识层面上来说，教师应该掌握普遍文化知识，即文化的基本概念、构成特点及其对社会和个人的作用。掌握一定的具体文化知识，即了解目标语国家的文化、本族文化和其他文化群体的特点和彼此之间的异同；理解语言与文化和社会之间的相互作用，特别是目标语在不同社会文化背景中的使用情况，理解跨文化交际能力的概念和意义，了解跨文化交际的困难和失败的因素。

2. 能力层面

就能力而言，外语教师应该做到，在课堂和课外其他跨文化交际场合，用目标语言进行恰当有效的交际；合理利用教材和其他真实的语言文化材料，引导学生关注文化内容，刺激他们对文化问题的思考；善于设计和组织课堂活动，将学生自己的文化体验与教学内容结合起来，创造更多的体验式学习机会；采用多种不同的文化教学方法和手段，全面、深入地传授文化知识，培养文化能力；将外语教学与文化教学有机结合，通过教学材料的选用，教学活动的设计有意识地引导学生既注意语言能力的提高，又关注文化能力的培养；以培养能力为主，引导学生摸索学习方法，掌握独立学习的能力，促进学生自主学习。

3. 态度层面

从态度层面来看，外语教师应该具备这样的素质：敢于面对挑战，尝试新的教学思路和方法；愿意像学生一样，不断学习和探索外国文化，反思本族文化和自己的文化参考框架及言行；愿意与学生分享自己的学习体验和跨文化交际体验，即便是失败的经历；尊重学生，对不同文化行为和思想不妄加评判，永远保持一种宽容、理解的态度。

（三）对教师的文化教学培训

培养一名合格的外语教师并非易事，他（她）不仅需要具备良好的语言功底和交际能力，而且还要懂得学生的认知心理、情感特征和教学规律，同时最好具有丰富的教学经验。这一切不可能在短短的几天、几周或几个月内完成。实际上，一名教师的培养过程从他（她）外语学习的第一天就开始了，经过学校教育的不同阶段，一直持续到他（她）走上讲台前的业务培训，甚至还延续到上岗后教学经验的积累和各种在岗培训。就基础教育对教师培养的作用来说，我们稍加反思就会意识到我们目前采用的教学模式和方法或多或少受到了以前我们自己的英语教师的影响。中国外语教学之所以长期以来一直无法摆脱以语法和词汇为中心的传统教学方法，在一定程度上是因为这种方法代代相传，从一开始就被教师灌输到了学习者的脑海里。由此看来，基础教育是培养合格教师的关键，我们必须从现在开始让学生接触新的教学思想和教学方法，同时鼓励他们不断创新，为他们日后成为教师接受新观念、探索新方法打好基础。

1. 培训目的和内容

由于培训可分为岗前培训和在岗培训，教学方法培训和教材使用培训，短期培训和长期培训等多种不同类型和不同内容的培训，所以我们不能指望教师经过某一次培训就能完全掌握教学要领，对教师的培训应该定期、有系统地进行。培训不是针对某一具体的教学环境和教师群体，而是以文化教学为主要考虑因素。

2. 教师文化教学培训的方法

（1）文化意识和文化教学意识的培训

文化教学培训的一个根本特点就是“使隐含的东西明确化”。这就是说，文化、文化差异以及外语教学的文化教学潜力都已经客观存在，现在最重要的是让教师意识到它们的存在和作用，即要提高教师的文化敏感性和文化教学的意识。在这样的敏感性和意识的基础上，教师的文化知识积累和文化能力以及文化教学能力的提高就会突飞猛进。

（2）文化知识的培训

就文化概念和知识的学习而言，文化人类学提供了最为全面、科学的阐述，理应成为外语教师培训的一门必修课。文化人类学是一门历史悠久、理论基础雄厚的社会科学，它无论是在文化理论研究上还是具体文化的描述上，还是在文化研究的方法上都已形成了较为完善的体系，是外语教师获取相关文化知识的可靠来源。当然，外语教师学习文化人类学不是为了成为人类学家，因此也就没有必要穷尽其所有的内容，他们只需利用文化人类学的部分研究成果，以获取对文化相关概念更清楚的理解，对相关文化群体更全面、深入的了解，同时借鉴其中的一些文化研究和探索的方法。对文化人类学研究成果的筛选和选用应该由来自不同领域的专家，如外语教学研究者、文化学家、跨文化交际研究者、教师培训专家等合作完成，综合各方的意见，选择那些教师需要掌握的理论和信息作为培训的内容。

（3）文化能力的培训

相对而言，文化能力的培训比文化意识和文化知识的培训更为复杂和困难，因为它不仅涉及教师的认知心理，更与他们的情感和行为有关。

3. 反思教学和课堂教学研究

近年来，反思教学和课堂教学研究成为外语教学和教师培训研究文献中出现频率较高的术语，它们作为教师培训和教师自我发展的方法已经受到越来越多教学研究者和教师的重视。对跨文化外语教学来说，课堂教学的研究更是不可低估。

课堂教学研究也是促进教师教学水平提高和教学效果改善的一种方法。华莱士将其定义为“为了改善教学的某一领域而进行的系统的资料收集和分析活动”。教师针对自己教学中遇到的问题，利用自己所掌握的教学理论知识，根据自己的经验，通过自己的努力，寻找解决问题的方法，在此过程中记录自己的体验，反思自己的态度和做法，并与其他同行进行交流。

由于这样的教学研究与教师的教学实践联系紧密，因而具有很大的实用价值。对于接受岗前培训的教师来说，进行课堂教学研究培训有利于他们培养反思教学和课堂教学研究的意识，掌握反思教学和课堂教学研究的方法，从而使他们获取一套不断提高业务水平的、灵活高效的方法，增强他们对今后教学工作的信心。一旦他们正式走上讲台，在学校及教育管理者的支持和帮助下，他们就可以充分利用课堂教学研究和反思教学来提高自己教学的效果，同时也促进其所在区域整体教学水平的提高。所以，课堂教学研究应该成为教师培训的一项重要内容。

第三节　批判性思维下的英语教学

一、我国学生批判性思维现状及形成原因

（一）我国学生批判性思维的现状

部分学生缺乏批判性思维，缺乏独立思考的能力，这种现状应该引发我们的

深思。现在我国还没有完全发展起来，一个重要原因是一些大学没有按照培养创新型人才的模式办学。创新型人才的培养无疑是我国教育事业发展的一个严峻课题，需要整个教育界乃至全社会共同努力攻克。

（二）我国学生批判性思维现状形成的主要原因

我国的各级各类教育机构，特别是高等学校培养出来的本科生和研究生一般具有比较扎实的理论基础、比较完善的知识结构。但在这些学生中一部分人却普遍缺乏创新意识和创新能力，创新意识和创新能力的缺乏使得他们步入社会后不能适应日益激烈的科技竞争的需要，不能满足国家对创新型人才的需求。学生的缺陷暴露出我国教育理念、教学模式和教育评价体系等方面存在的一些问题。我国传统的教育理念、教学模式和教育评价体系在某种程度上阻滞了创新，不利于创新型人才的培养。具体分析如下。

1. 教育理念忽视批判性思维的培养

我国传统的非批判性思维的厚重文化和忽视批判性思维培养的教育模式限制了学生批判性思维的发展，在传统教育观念的影响下，学生对教师、教材都不敢提出质疑，而是一味地听从、跟随教师进行学习，思维变得不灵活。如此教育的结果便是，学生在学校不愿也提不出问题，到了社会上则没有自主性，更谈不上创新。因此，学校尤其是高等学校应该采用多种方法来提高大学生的批判性思维，提高其认知水平、分析和总结能力，从而使他们能够在繁杂的信息中进行分析和评价，最终做出正确的判断，从而能够成长为社会需要的人才。

2. 教学模式忽视学生的创新精神培养

传统教学模式以教师的主动讲授和学生的被动接受为主要特征，教师通常注重通过语言的讲述来实现知识的传授，在教学过程中教师的主导地位倾向突出，而学生的主体地位却被习惯性地忽视。在这种教学模式下的课堂教学往往是教师的“一言堂”，学生的学习地位得不到充分的体现和尊重。即使他们在学习过程中有自己的看法，也通常不敢表达，长此以往，学生在学习的过程中没有任何思考地接受知识，并且形成了一种思维定式。学生在学习的过程中仅仅将理论知识储存在大脑中，没有形成个性化的思维方式。因此，传统的教学模式忽视了学生学习的积极性、主动性和创造性的发挥，这种培养方式使得学生缺乏创新能力，没有创新精神。

3. 教育评价体系的限制

传统的教育评价体系主要考查学生对知识的记忆、理解和应用等低阶思维，而不是对知识的分析、综合和评价等高阶思维。传统的教学评价过于注重结果的终结性评价而忽视对过程的评价，压抑了学生学习的自信与积极性，导致学生不能清醒地认识自我、反思自我，学生的自主学习能力和批判性思维得不到应有的训练与发展。在教育评价领域，尤其是升学考试中，我们应摒弃僵化地依赖标准答案的评价方式，转而秉持一种更加开放的态度。只要学生的回答言之有理，就不应拘泥于所谓“权威”，从而给予其批判性思维充分的发展空间。

二、批判性思维在教学中的意义

（一）知识创新和高素质人才培养的关键

现代教育学认为，要使学生将来适宜于从事知识创新或科学研究工作，就必须首先使他们掌握一定数量的基本知识、基本方法或技能，也就是掌握各个学科的基本事实、问题、概念、范畴、原理和方法。近些年来，现代教育学的这种观念越来越多地受到后现代教育学的质疑。后现代教育学认为，人类迄今为止没有取得任何一条不可置疑的知识，也没有任何一条知识可以成为今后知识增长的稳固基础。

知识的增长不是一种积累式的新知叠旧知的过程，而是一种对原有知识不断修正甚至全部抛弃的过程。对于个体而言，掌握和理解原有的知识固然重要，但这仅仅完成了知识创新前一半的工作，更重要的是对这些知识进行批判和反驳，并在此基础上提出新的知识假设。没有批判和反驳的意识以及与之相关的素质和能力，个体就会陷入原有知识的陷阱中而不能自拔，无法进行知识创新。

（二）帮助大学生坚定内心

在知识爆炸的时代，简单地照搬过去经验而无创新的做法已远远不能适应瞬息万变的社会发展形势。而批判性思维却能教会人们如何面对问题，并在问题的牵引下积极寻求各方面的证据，进行全面的权衡、对比，从而选择一个相对完善的行动方案，使充满风险、变数的未来在一定程度上处于人们的掌控之中，让人们拥有应对未来的定力。

在当今高速发展的信息社会，每个人都面临着无数信息的选择。为了有效使用信息，我们需要具备批判、选择和处理信息的能力。显然，批判性思维是鉴别和抵制网络时代各种知识霸权的有力武器。信息只是一些无序的事实和材料，处理方式不同，形成的产品的性质就不同。电脑不会使杂乱的信息变成思想。要获得知识，就必须对信息进行准确的、合乎目的的选择和取舍。在现实生活中离开了独立的批判性思维，就可能被信息的汪洋大海所淹没，被各种似是而非的解决方案所迷惑。[①]

（三）大学生心理与个性发展的需要

心理发展是一种内化过程，是个体自主建构与价值引导之间的对立统一，批判性思维在其中具有重要的作用。个体内化是对社会文化的扬弃，并不是社会文化的完全翻版。个体并不是完全接受呈现的所有信息，而是批判地理解、吸收这些信息。个体注意什么、选择什么，在其原有经验的基础上，完全取决于批判性思维能力。教育要发展人的主体人格与多元个性，就不能强制灌输，而是提供一个可能的空间，让个体进行独立判断与选择，形成个性。更重要的是，教育的目的是不仅要使个体继承现有的文化，而且能创造文化。要做到这一点，批判性思维是必不可少的素质，也是培育独立自主人格的基础，民主政治的建设和市场经济的完善需要具有独立自主人格的人来支撑。倘若社会公民偏听偏信，或者盲从偏执，缺乏审慎的思考与明智的判断，没有独立思考、自主判断的空间，民主政治建设与市场经济的完善将难以为继。而批判性思维就是提倡、培育人对各种观念的理性检验分析与超越的意识与技能，从而进一步探求行动的根据，并把行动建立在理性思考之上。

三、高校英语教学中学生批判性思维的培养

创新型人才要有极大的好奇心与探索欲望，要有与众不同的创新意识，而批判性思维则是这一切的前提与基础。要培养学生的批判性思维不是一蹴而就的，不是在某一个阶段就能够达到这一目标的，它需要教师在课程中不断地进行渗透与引导。关于批判性思维的相关理论，其主要内容可分为认知技能与情感意向两方面。前者主要是指学生分析、理解、论证问题的能力等方面；后者则主要是指学生面对问题或者权威敢于质疑的勇气、谦逊坚持的品质及从多种角度考虑问题的情商等。作为一名英语教师，在进行课程设计与教学活动过程中，应关注批判性思维的相关内容，引导学生培养批判性思维，并将其融入阅读、写作、听力等活动中，具体环节包括以下几个方面。

① 王才英．论批判性思维视域下的高校英语写作教学[J]．厦门广播电视大学学报 2015（4）：64—69．

（一）充分做好课前准备

批判性思维就是要对学习的知识进行性质、真实性、精确性和价值的个人判断。要培养学生的批判性思维可以先培养学生分析问题的能力。学生针对某一现象或某一问题提出赞成或反对意见，需要进行批判性的思考，这样就锻炼了学生分析问题的能力。教师应在课前广泛收集与学生生活、兴趣等相关的英语资料，设计出可行的思考问题，以便课堂上让学生进行思考。针对学生的回答，教师应该引导学生从反方向提出问题并回答。对于学生难以理解的问题，教师应耐心地帮助学生，最终让学生自己悟出答案。如中国学生学英语普遍存在“中国式英语”现象，教师应该引导学生探讨其利弊，提出一系列问题并解决，以培养学生的批判性思维。

（二）转变传统观念

传统观念和教育方式不利于大学生批判性思维的培养。教师应该转变教育观念和教学方式，积极引导学生独立思考，分析问题。传统英语教学只注重知识的灌输，并不能实现英语教学的实质性目标。在信息技术飞速发展的21世纪，教师应培养学生独立思考的能力，帮助学生构建思考模式，提升他们的批判性思维能力。信息时代网络资源更加丰富，学生可以从各种渠道获得所需知识，学生应该明确个人的兴趣爱好及特长，培养自我发掘感兴趣领域的知识的自觉性、主动性，即便没有教师的指导也能独立完成思考、探索，掌握新知识、新技能。①

（三）鼓励学生多提问，敢于质疑

对学生批判性思维的培养实质就是对学生解决问题能力的培养，这要求学生善于观察，对某一问题反复思考，敢于质疑，并在不断探索中找到新观点、新方法。教师应当让学生树立正确的英语学习态度，尤其是在英语阅读教学中，应使学生知道即使是教材中的内容也不一定是真理，也会存在某方面的偏差。因此，对于英语阅读文章，我们应当有全面的理解，可以从各个方面提出问题，再进行研究论证，进而得到自己的观点、立场与感悟。英语教师在教学活动中不应仅仅让学生以肯定或否定的简单形式来完成需要他们自己探索而得出结论的问题，而要通过层层引导鼓励学生勇于提问、质疑，并得出令人信服的结论。

---

① 张欣．协作探究模式在培养英语专业硕士研究生批判性思维中的应用：基于西南地区高校英语专业硕士研究生教学现状调查[D]．重庆：西南大学，2011．

（四）增加讨论与辩论等活动

创新英语教学形式，有利于增强课堂教学效果，提高学生的英语学习质量。教师可以通过分组讨论或者组织辩论的形式调动学生英语学习的积极性，引导他们深入思考相关话题，产生多角度理解。在交流与互动中，学生共同分析与解决问题，不仅提高了他们解决问题的能力，还增强了他们的集体意识。教师可以在教学活动前根据教材内容与课程目标选定一个话题，组织学生根据话题进行讨论或辩论，让每个学生都有机会发表自己的观点，在不断的论证中找到最佳答案。

（五）在英语写作教学中鼓励学生互评互学

英语写作既是教学中的重点，也是许多学生面临的难题。通过同伴互评学生可以互相学习，通过对同伴作文的阅读及修改来发现并解决问题，并学习对方的写作优点，从而增强自己的评判与写作能力。同伴互评的方式是学生较容易接受的一种评价方式，学生参与的积极性也较高。他们会以更严谨、负责、批判的眼光来对待同伴的每一份作文，从内容、结构、主题等方面来宏观分析文章的合理性与衔接的恰当性。总之，他们能更容易地发现同伴作文的优缺点，进行自我学习，并培养了批判性思维能力。具体来说，学生的作文中常常会存在语法、拼写、用词上的错误且常常被忽视。而通过同伴互评这种方式则可以使他们改正上述问题，养成良好的写作习惯。此外，学生积极主动地参与到同伴互评模式中，以批判性视角对待其他学生的作文，从中发现问题并帮助他们改正，也能密切学生之间的交流与合作。实践证明，同伴互评有助于学生批判性思维的发展，提高学生的英语学习质量。

综上所述，批判性思维能力是培养学生创新意识的前提与基础。单一的课程或者训练模式难以实现对学生批判性思维能力的培养，因此，高校教育工作者需将批判性思维训练融入课程教学，使二者有机结合，在潜移默化中提高学生的批判性思维能力，激发他们的探索欲望与创新思维。英语教师作为与学生直接沟通的教学组织者，应引导学生树立正确的创新意识，鼓励他们勇于提问、敢于质疑、积极参与讨论活动，在不断分析、解决问题的过程中提高批判思维能力。有效利用同伴互评模式，能提高学生的交流、评判与合作能力，使学生在健康向上、公正平等、和谐有趣的课堂氛围中学习，成为一个具有批判性思维能力的有益于社会发展的创新型人才。

第五章　英语教学方式创新

随着时代的发展，社会对现代高校英语教学的要求越来越高，传统的教学模式并不能完全满足现代社会的需求，因此我们要不断创新、不断改进我们的教学方式，以全新的教学方式满足现代社会中学生及社会的需求。本章介绍英语教学方式创新，分别从英语教学中的思维导图、互联网背景下的英语教学和微时代背景下的英语教学三个方面进行介绍。

第一节　英语教学中的思维导图

一、思维导图概述

（一）思维导图的定义

20 世纪 60 年代，英国教育学家托尼・布赞（Tony Buzan）开创了一种思维可视化工具——思维导图，它被用于学生的有效思考过程中。当制作思维导图时，学生以核心主题为中心，在主干上写出与核心主题相关的关键词，并向外延伸出去。思维导图结合文字和图像，展示不同层级的关键词，并绘制层级图形，将主题、颜色和图像联系起来，以明确地表示主题和子主题之间的关系，构建知识框架，促使学生在理解知识的基础上记忆知识思维导图，随后布赞对思维导图做了详细阐述，从而让思维导图逐渐被学术界关注。① 根据布赞的观点，思维导图的结构与人类大脑相似，符合人类思维方式，将零散、不相关的信息转化为相关且有色彩的图像。布赞将它视为发掘大脑潜能的重要工具。思维导图具有五项特征：第一，思维导图以核心主题为中心，将其图形置于中央；第二，分支信息可视为核心主题的主干，从中心向外延伸；第三，分支上的信息通常用图形和关键字来描述，其位于分支位置；第四，各分支都可以被视为节点形态；第五，为了使学

① 廖燕．思维导图在大学英语教学中的运用[J]. 校园英语，2023（8）：94—96.

习者更快地理解和掌握知识，思维导图采用各种不同的符号、色彩和线条等元素来表示。

思维导图的制作是从中心出发，逐渐向外发展，绘制与中心相关联的符号，将这些符号描绘在逐渐变细、与其等长、色彩鲜艳、层次分明的分支上，使用箭头来表示词语之间的联系，并整理草图，重新绘制，使其更加简明易懂。思维导图的魅力在于它的持续成长特性，就像一棵树一样，不断地吸收新的内容和想法，繁衍生长。鲜艳的颜色和生动的表达也是其吸引人的方面。

总体来说，思维导图是一种关键的图形工具，其通过可视化知识结构和思维过程，将人们的抽象思维转换为具体的图示表达。

（二）思维导图相关要素与特征

1. 思维导图教学的要素

思维导图在教学中的应用涉及四个要素：教师、学生、学习内容和思维导图本身。这些要素各自承担着独特的任务。

（1）教师

在传统教育模式下，教师拥有专业知识，并扮演着主导角色。运用思维导图教学法，可以使学习变得更加自主化。教师只是学生的指导者，学生是真正的学习者。这里的主导作用具有双重含义：首先，教师应该帮助学生找到正确的方向，引导他们不断前进，朝着预设目标努力；其次，学生可以通过绘制思维导图来揭示其知识差距，从而便于教师制订相关的教学计划，以实现因材施教。

（2）学生

思维导图教学尊重学生在教育过程中的核心地位。运用思维导图来进行教学，学生可以以已有知识为基础，绘制思维导图，增加学习积极性，巩固所学知识。在思维导图制作完成后，可以听取老师和同学的意见，并针对个人的不足之处制订学习计划，不断完善思维导图，以便更好地掌握关键知识。学生可以利用思维导图审视自己的知识体系，不断提高自己的学习效果，根据实际需求制订学习计划。

（3）学习内容

当我们使用思维导图作为教学工具时，必须明确学习内容（即学生在学习过程中必须掌握的内容），因为思维导图工具的使用会有一些限制。思维导图更适合对比鲜明、逻辑性强、注重选择性的学习内容。因此，在进行思维导图教学前，需先明确教学内容。

(4) 思维导图

在教学中使用思维导图这种学习工具可以帮助学生更好地掌握学习内容，并激发学生的学习兴趣，因此教师需要有效地运用思维导图教学。

以上说明，只有在明确教学内容的前提下，才能采用思维导图教学方式来激发学生的主动性，同时促进教师和学生的互动，真正提升学生的学习能力。

2. 思维导图教学的基本特征

首先，思维导图的运用能够通过主题关键词、分支关键词以及连线将学习内容整合成有条理的形式，促进学生的学习。学生需要从主题关键词入手，展开学习及联想，探讨各个分支话题，逐步完善思维导图。可以看到，思维导图可以无限扩展。使用连接线将主题关键词、分支关键词和下一级主题的内容串联起来，可以更清晰地表达整个思考过程。

其次，应用思维导图可以挖掘大脑的潜力。据研究，人类大脑对信息处理有明确的分工，左脑通常处理一些直观的信息，然后通过逻辑推理将其转化成语言表述。右脑则更擅长处理抽象的信息，如图像和声音等。我们思考主要使用左脑，右脑则负责快速筛选关键信息。因此，在学习过程中，左右脑都发挥重要的作用。采用图像形式展示学习内容的思维导图可以协调左右脑，从而提高学生的学习效率。

再次，思维导图的结构酷似大树，呈现出与人类思维过程相似的结构。因此，人类大脑更容易接受其内容。当我们面对某个事情时，大脑会自动激活联想出与之相关联的其他事物。思维导图的树状结构形式非常适合展现发散性思维，这使得观看和学习思维导图的内容更加容易。

另外，思维导图的层次结构显示出逻辑思维的特质。人们在进行发散性思考时，会对所探讨的内容进行归纳、分析和重新审视，梳理海量信息并使之更符合逻辑。思维导图可以清晰地展现信息的分层和逻辑联系，将各种孤立的知识点组合成完整的知识体系，有助于学生深入领悟和轻松掌握相关知识。

最后，思维导图将学习内容以图形方式进行表达，有助于减轻大脑的记忆负担。根据脑科学分析理论，当处理抽象信息如图片时，右脑速度反应极快。因此，若我们采用图片形式表达文字信息，就可以激活右脑并促进信息的快速处理和整合，提高知识学习的效率。

(三) 思维导图教学的理论

1. 知识可视化理论

1990 年，美国组织发展顾问戴维·纳德尔 (David Nadler) 与英国计算机科学家迈克尔·肖（Michael shaw）合作提出了知识可视化的概念，其目的是用图像表达和传达复杂的知识，促进知识的理解和传播。知识可视化理念是将复杂的知识进行视觉化的设计、创造和分享，推动人们对知识的创新和传播①。视觉感知是人类认知的重要通道。对于视觉学习者而言，通过图像展示学习内容能够提高学习效率。思维导图以图像形式展示复杂的知识，运用数字、图像和线条等视觉化元素提高学生的学习效率。思维导图教学鼓励学生用具体、生动的语言来阐述抽象的知识，符合知识可视化理论，能帮助学生更高效地学习。

2. 建构主义学习理论

根据建构主义学习理论，人们需要与外界进行互动才能不断地构建知识②，知识的构建并不是由主体或客体单方面决定的。此外，建构主义学习理论强调了在这个相互作用的过程中，个人需要持续地打破其先前的认知模式，以建立新的平衡体系。在建构主义学习理论中，学习者是认知活动的主体，而教师和所使用的教学方法共同构成影响学习的客体。学习者需要与学习环境相互交流才能掌握知识。这里的交流主要包括教师与学生的交流、学生之间的交流、学生与学习环境间的交互。思维导图的教学模式通过促进学生与同学及老师之间的交流和沟通，支持了知识的建构。每位学生制作的思维导图有助于教师对学生进行个性化指导，并支持学生构建自己的知识体系，践行建构主义学习理论。

二、思维导图在高校英语教学中运用的实践

（一）新知识思维导图导入

在英语教学中运用思维导图可以建立新旧知识间的联系。如果新学习的知识和已学习的知识有紧密的联系，可以采用思维导图的枝状结构建立两者间的联系。然而，若新知识与之前的知识并不相关，教师需明确新知识的主题关键词，以便学生围绕此关键词发展相关学习内容。为了激发学生的学习兴趣及发散性思维，教师可以使用图片来展示知识。在运用思维导图进行教学时，需要学生把握新知识的关键词，认识新旧知识之间的联系。教师需协助学生整合新旧知识，使其对所学知识进行全面理解和掌握。

---

① David A.Nadler,Michael L.G.Shaw.Knowledge Visualization: A Method for Structuring and Communicating Knowledge[J].Journal of Information Science, 1990, 16 (4): 193—202.

② 皮亚杰．结构主义[M].倪连生，王琳，译．北京：商务印书馆，2011.

（二）新知识思维导图架构和完善

当新知识加入思维导图中时，导图的框架会变得更清晰。因此，这个过程是对新知识进行整合的过程。在这一阶段，教师要引导学生识别知识点中的关键词，理解关键词与原始知识间的联系，建立分支结构，让学生巩固旧知识，更深入地理解所有学习内容。另外，教师应要求学生自行绘制思维导图，而不是简单地使用教师提供的思维导图。在这个过程中，学生可以向老师或同学请教，使他们在探索新知识和基础知识之间的联系时不仅可以掌握新知识，还可以锻炼思维能力和创新能力。

学生在制作思维导图时可以得到许多好处。从认知结构的角度来看，他们能够认识新知识与基础知识之间的联系，这有助于他们初步了解新学习的内容。另外，学生在制作思维导图时可以增强自身的成就感，提高学习的自信和兴趣。

（三）相关思维导图作业布置

为了帮助学生巩固知识，教师要鼓励学生使用思维导图。教师可以引导学生进行小组合作，探讨本堂课涉及的知识点，在课后重新绘制思维导图。此外，为了使学生巩固所学知识，教师可以寻找与本堂课学生知识薄弱点相关的材料。如果学习材料较难，教师可以提供相关背景知识和主题内容。在这个过程中，教师应该避免要求学生使用唯一的思维导图布局，因为思维导图没有固定的布局标准。每位学生的思维方式和思考角度都是独特的，因此他们所绘制的思维导图也各不相同。教师应该激发学生创造出适合自己的思维导图，而不是局限于某种思维方式。这说明了思维导图在教学中的发散性思维特征，可以帮助学生提升信息获取能力。

（四）课后反思和总结

在课程结束后，教师和学生应该进行回顾和反思。

教师可以借助思维导图整理和完善课程内容。第一，在课程结束后，教师应该认真审查思维导图的内容，并以此为基础调整教学计划。第二，教师要根据学生绘制的思维导图评估他们在英语阅读课程中的知识掌握程度。第三，教师要通过思维导图评估学生的学习效果和进展情况，发现学生思维导图制作中的问题，有针对性地改善教学方案以更好地协助学生掌握知识。

思维导图可以帮助学生巩固和总结课程内容。学生可以利用思维导图强化所学知识，并在课后重点复习和巩固重点和难点知识。另外，学生还应在课后进一步改进绘制的思维导图，多与同学进行交流和探讨。学生可以通过完善思维导图的方式发现知识的漏洞，有针对性地安排复习。制作好的思维导图的知识结构以图形形式表现，更加明确易懂，可供反复查看，并有助于长久记忆。

三、思维导图在英语教学中的具体应用

（一）思维导图与词汇

众所周知，英语学习的关键之一是单词。许多学生由于缺乏词汇量，所以英语学习难以取得好成绩。单词记忆涉及发音、形式和意义。传统单词记忆方法（即死记硬背法）只涉及词汇的标识和具体层面的记忆。

具体记忆单词是指利用单词的发音（音标）和纵观单词的形式进行记忆，几乎不涉及将单词分解并根据其属性进行记忆的方式。因此，单词联想记忆法应与相应的复习策略结合使用才最有效。

1．根据音标记单词

即使汉语拼音和英语拼读的结构存在本质上的区别，它们也有着一个相互联系的秘密：拼读串。拼读串指的是人们熟知的字母组合（以下称之为字母组合），以便于理解。一旦人们学会了拼读串，就找到了解决中英文拼读差异问题的方法，从而能根据字形推断出发音，或根据发音推断字形。然而，可惜的是，教育工作者并没有完全发挥这种中英文学习的优势。

英文字母表由 26 个字母组成，其中有 5 个元音字母，21 个辅音字母。尽管辅音字母数量超过元音字母，但其发音相对稳定，很少发生变化，更易于掌握。因此，在英语单词教学中，教师可以对此加以解释，以协助学生更好地掌握单词。

利用汉语拼音的规律，将其与英语音标相结合，可以帮助学生更轻松地掌握英语音标。在学习语言方面，利用自己的母语优势是非常有益的，但是需要把握好度。

英语中有 18 个辅音字母的发音与汉语拼音相似，这部分字母的音标被称为拼音相似音。要特别注意的是，即使发音相似，我们也不能混淆英语音标和汉语拼音，要明确了解这两种发音的相同点和不同点，以准确区分这两种发音。①

虽然英语中元音字母数量不多，但其经常出现且形式多变。此外，英语单词中的元音字母具有重要作用，因此，了解英语元音音标对于学习和掌握英语单词至关重要。

---

① 谢海英．英语词汇教学中如何有效引用思维导图[J]．商情，2019（50）：262．

思维导图相关图书中指出，当学生能够通过感官和运动感受要记忆的事物时，他们的回忆和记忆能力会得到增强和提高，也会让他们在需要时能够迅速地在大脑中调取与该事物相关的知识信息。增加身体活动量有助于增强大脑功能，也有可能提高记忆力。

事实上，每一个单词都可以被视为一个视觉图像，在我们的大脑中以感性的方式呈现。通过标记这些单词，我们可以激活这些图像，帮助大脑捕捉故事情节，从而更容易地记忆数据的顺序和重点。简言之，就是借助联想故事来记忆单词。

学生使用符号来记忆单词将会更加有趣，可以增强他们对于单词记忆的兴趣。当他们通过绘制思维导图学习辅音字母和元音字母时，能提高他们学习英语的兴趣，进而促使他们基本掌握英语单词的读音和拼写规律，顺利完成基础单词的记忆任务（即见词能读，听音能写）。这能帮助他们解决学英语的第一个难点：词汇的形（即词汇的拼写）。

2. 对单词进行联想

打造出色记忆力的前提是记忆排列顺序。大脑如同文件柜，人类将知识信息分类存储在大脑中，以便随时取用。有序的顺序性有助于学习者高效地回顾信息。许多人在学习英语的过程中会发现，英语单词数量众多且相互关联复杂，难以确定词汇的归类和学习方式。根据《博赞学习技巧》一书可知，要记住一件事情，最好的方法是将其想象成一幅图画，然后将这幅图画与一个人已有的知识或经验联系在一起。① 新东方学校就推崇单词联想记忆法，而思维导图是进行联想分析的工具。它利用丰富的联想方式，将知识编织成一张图像，就像把珍珠串成项链那样，将知识存储在人类大脑中的指定区域，以备将来快速提取。在联想单词时，可以从同音、同义、多义、反义、形似、意境、派生等不同方面入手。由此出现了多种记忆单词的技巧，最常用的是形近区分法和谐音联想记忆法。

以 right 为例，其同音词为 write，同义词为 correct 或 accurate，反义词有 wrong 和 left，形近词是以 ight 结尾的单词，如 bright、night 和 light 等。right 的功用取决于不同的场合和语境，以确保其在句中的正确性和合适性。如一位乘客向出租车司机说“Turn left please！”，然而当时的交通非常拥堵，司机无法听清。为了确认车辆行驶的方向，司机问道：“Turn left？”乘客立刻回答道“Right”，司机闻言立即将方向盘向右转。由于司机误解了单词“right”的

① 博赞．博赞学习技巧[M]．世界思维导图理事会编委会，译．北京：化学工业出版社，2020．

含义，将其理解为“右边”而非“正确”，最终导致乘客未能按时到达目的地。因此，学习词汇时，需要对一词多义有深入的了解。

当然，我们可以通过形近字辨别许多单词的含义。比如，adept、adopt、adapt这三个单词看起来相似，但每个单词仅一个字母不同，分别是e、o、a。因此，只要抓住这三个字母的不同之处，就能区分它们。“e”这个字母类似于跳水运动员在跳板上蜷缩身体的动作，可见跳水运动员技艺高超，所以能够推测adept一词的意思之一是熟练。在adopt中，可以将字母“o”视为婴儿圆滚滚的脸，人们通常希望收养一个可爱的孩子，因此adopt有领养的含义。最后，可以把字母a看成小蝌蚪，而小蝌蚪有强大的适应能力，因此这个单词可以表示适应。除此以外，学生还可以运用自己丰富的想象力记住更多的单词。

3. 复习思维导图笔记

在最初学习记忆单词时，教师成功地将一些与词汇相关的信息存入了学生的短期记忆中。要将短期记忆转化为长期记忆，需要学生认真研究并进行反复练习。现代记忆理论指出，要达到形成永久性记忆的长期目标，通常需要至少5次的反复记忆。进行记忆后要使用思维导图笔记，及时有效地进行复习，这是巩固单词记忆的关键步骤。为了保证对所学知识的长期记忆，学习者应该定期制订复习计划。以下是5次复习时间的计划：①完成学习后立即进行第一次复习；②一天之后再回顾一遍；③过一周后复习一遍；④在一个月后重新回顾一遍；⑤过三个月再回顾一遍。进行了5遍复习，就会相当熟悉所学单词，不易忘记。每次回想复习，不仅能巩固先前的知识，还能积累新的知识。随着复习次数的增加，学习者会逐渐习惯将不熟悉的知识与之前的知识联系起来，这就是所谓熟能生巧。

此外，我们可以利用思维导图快速回顾记忆清晰的内容，而不是每次都重新复习一遍原来的思维导图笔记。倘若能够做到，就表明学生已经能轻松地记住所学知识，无须任何工具或方法。最后进行一次原图的导图检查，对与原意不符的部分进行修改，同时加强对于模糊或不恰当部分的记忆。

（二）思维导图与英语阅读

人类的思维方式通常呈树状分支式的结构。人的大脑可分为两个半球，其中左脑主管人的语言推理活动，而右脑负责人的思维形象活动。它的表现形式和思维导图类似，呈现出树状分支扩散的形态。因此，运用思维导图可以将发散性思考过程体现得更具体。同时，思维导图利用图像、文字、颜色和线条等元素，将复杂晦涩难懂的思维过程转化为简单易懂的图形。这个方法可以帮助学生将隐性知识变为显性知识，从而有助于及时发现自身的不足，以便及时更正错误的思路和想法。这种方法提升了学习效率，同时也有助于提高学习能力，使学生能够对知识进行迁移、重组和创新编排。相比于传统学习方法，使用思维导图对于学习效果和学习效率都具有更好的优势。

将思维导图法与多媒体教学工具相融合，在英语阅读教学中能取得显著的成效。英语阅读的语篇意义可以通过思维导图进行清晰的表达，因此，未来英语阅读研究的主要目标与方向是通过逐级呈现文章的关键词汇展示出文章的各个知识点。逐级呈现文章中的关键点，与思维导图的思路非常相似。将思维导图引入英语阅读教学中，能够弥补传统阅读教学中常常仅将阅读语篇视为一些简单的语法、词汇和句子的组合的缺陷。因此，使用思维导图可以化解教育者需要逐句分析句子结构和词汇用法来讲解的困境，使得有趣生动的文章不至于变得乏味和枯燥。以下是它的主要用途与优势。

利用思维导图可以提升英语阅读的综合教学效果。通过制作思维导图，教育从业者可以学到一种全新的、有意义的教学方法。使用思维导图来阅读英语文章对教师和学生来说都是一种富有创新性的方法。教育者向学生展示并培训他们如何使用思维导图，同时强调阅读材料各部分的相互关联并总结全文。这将有助于提高学生对阅读内容的整体理解水平。学生采用思维导图的方式展示文本内容，借此学习和应用思维导图技巧来解答问题，理解阅读材料中的知识要点，有效提高阅读效率，全面提升分析阅读材料的能力。

思维导图能够提高教学中英语阅读材料的可记忆性，使其更加生动形象。思维导图的核心目标是辅助英语阅读教学，通过绘制图形的方式概括和总结阅读材料的主要内容，使学生更深入地理解和记忆材料，提高阅读效率。事实上，对文章的理解主要取决于识别和理解文本中符号的能力。然而，有些学习者能力有限，缺乏想象力，因此难以领会文中的意思。如果教育工作者能够以图像、图表和文字说明等形式概括阅读材料的主要内容，阅读者就更容易理解文章了。

思维导图在英语阅读教学中的作用是至关重要的。其能够为学生营造出优秀的英语环境，提高他们的英语综合应用能力，让他们深入文章情境之中。传统的英语教学法难以有效激活学生的视听感官。传统的教材难以为学生提供英语学习的全方位体验。但是，通过使用思维导图，文字可以被转化为直观的图像，使学生在阅读过程中能够同时调动左右脑，让他们更深入地理解和体验英语，仿佛置身于真实语境中。这将激发学习者的内在潜能，从而提高他们的学习热情，提升他们的思维水平和解决问题的能力。

通过使用思维导图，学习者可以提高阅读分析、判断和辨别能力，同时也有助于在教学过程中培养他们的问题分析和解决能力。思维导图通过将文章中的人物、地点和情境有机地组织在一起，突出它们之间的联系，激发读者的兴趣，增强学习者的记忆能力。此外，它还能够帮助学习者更好地区分和理解不同类别的阅读材料。思维导图将知识点作为核心，积极地与相关单词、语法建立紧密联系，避免了僵化地局限于阅读材料的文本内容中。因此，它的目标是扩展学生的思维能力。

运用思维导图有助于教育者和学习者把注意力重新集中在阅读内容上，避免过度关注语法和单词，从而更有效地实现语篇和语言分析教学法的结合。这样，学生可以更快速地学习语言，理解所学文章的文化内涵和语言精髓。

1. 思维导图的特性、形式

思维导图的基本理念在于将直觉性思考与逻辑思考相结合，以便促进学生的左右脑协同工作。借助图形和线条的形式，思维导图能够协助学生形成多元的思维架构。因此，思维导图最突出的特点在于采用扩散式的思维方式。许多心理学家认为，人类的大脑神经元之间存在一种由中心向外辐射的网状连接结构。与之相似，人类的思维方式可被比喻为一个错综复杂、分支众多的网络。思维导图与人类大脑的思维方式存在共通之处，二者呈现出相近的形式，都借助于大脑的语言思维模式进行运作。当学生掌握了发散性思维时，他们就可以从一个出发点开始，利用已经掌握的知识和经验，采用不同的思维技巧并遵循不同的思考方向，将当前信息与其所学知识进行比较，从而获得大量新的知识和信息。学习者能够应用思维导图的技巧来拓展他们的想象力。这一技巧可以激发他们的发散性思维，促进他们对知识进行深入探究，包括对思想、技巧、规则和文本的理解。思维导图能够充分激发学生的创造力，推动他们在思考和组合思维的广度和深度方面寻求更多的可能性，突显学生具备的宽泛思考和敏锐洞察力的特质。思维导图阅读的有效性取决于思维活动的数量和质量。我们需要特别关注这两个因素，因为它们会直接影响我们是否能够达到学习阅读的目标。这个过程能够使学生之前难以觉察的思维变得明显，并以可视化方式呈现，从而让阅读的内容更加具体、简明、易懂。在阅读过程中，大脑会将所记忆的内容作为思维导图的中心，并从中心开始向外延伸出许多子节点。这一创新思维过程不仅突破了传统的限制，而且成为一项具有划时代意义的进步。

思维导图的运用不仅改变了我们的阅读方式，更将我们从线性思考中解放出来，并为我们引入富有创意的网状思维模式。通过这种方法，我们可以用多种简洁易懂、种类繁多、针对不同目标定义的思维图表达一个观点：图像才是大脑最真实的表达方式。这种方法能够让学生直接看到思维导图的结构，为感官内容的理解提供了有力的辅助和补充，有助于学生深入理解语言。这种方法不仅让学生更轻松地学习语言知识，而且有助于培养他们的思维能力，使他们更容易吸收、理解、应用并创造新的知识。

在教育实践中，人们普遍认为思维导图具有类似于英语阅读理解的特性。形象性和可视性是较为突出的表现，也就是说，它们可以通过形象而直观的图像来表现内容。理论上，思维导图具有一种自然结构，可以从中心开始分支到外围，以实现与人类大脑语言相对应的思维过程。同时它也是一种符合简洁易懂原则且不难为人脑所理解的规则。它以线条、符号、文字和图形等图像元素为基础，呈现出高度组织化的图表形式。利用绘制思维导图的方法进行阅读学习，可以帮助读者更形象直观地理解阅读内容，提高对阅读材料的层次和扩展性认知。思维导图是一种能够将多个相关概念围绕中心主题展开，并清晰呈现它们之间的层级和隶属关系的工具。同时，它能够准确表达主题概念的范围，并展示出各个概念之间的联系。图示可以生动地呈现学习者对中心主题的理解，同时也能将这种理解逐步拓展至节点框架和具体支持细节，从而形成一个层次分明、逐步深入的认知过程。此外，它还能帮助学生逐步推进阅读理解过程，逐渐加深对文章主旨和核心思想的认知和理解，而且这一过程是有条不紊地进行的。也就是说，它涉及对文章内容内在联系的理解。

除了展示概念的层级关系外，思维导图还能呈现文章中的关联、影响、承接、推论、归纳、举例、对比等多种关系。这种表达方式可以帮助学习者更好地理解文章内容，平衡发展科学和艺术、逻辑和想象能力。对于学习者来说，通过了解事件的起因、发展、转折和结果，以及深入理解文本的主题思想和内容，可以培养严密的逻辑思维能力、有条理的思考能力、分析事件的能力、判断事物的能力和概括总结的能力。

教学材料的内容涵盖了人类社会生活和自然生态的多个方面。思维导图可呈现灵活多样的展示形式。思维导图可以在多种主题和领域的文章阅读中使用，以不同的图解方式呈现，帮助学习者建立各种概念之间的联系，进而增加他们的知识储备，扩展其文化艺术视野。思维导图是一种可视化技术，它通过图形化的方式展示主题和概念之间的内在关系，以帮助人们更好地理解和记忆相关信息。思维导图和阅读理解方法之间存在诸多相似之处，因此在英语阅读理解教学中采用思维导图法，能够有效地增强教学效果。学习者能够灵活地运用各种图示类型，以便以最简便、最清晰的方式呈现文章的核心内容，从而拓展他们思考问题的角度。此外，通过图示的整理和分析，他们还能够更好地理清所获得的各种概念和观点，明确文章的主旨。思维导图能够促进学习者进行深层次思考，提升思维的准确度和清晰度。这不仅可以帮助大脑更快地将文章的概念具象化，还能够激发读者产生更广泛、更富创意的想法，从而更便于进行思维转换和理解文章。最新研究调查发现，我们要理解一段文字，仅仅进行解码是不够的，读者还需要具备概念总结、背景知识和加工策略等多种能力。这些能力相互作用，最终影响读者理解文本的程度。其中包括思维技巧、语言知识以及阅读技巧等方面的因素。阅读的基石是理解。在日常教学中通常可以采用三种不同的教学组织模式。第一种是学生个人模式，其核心在于学生自主掌控阅读进程。第二种是教师主导模式，在阅读过程中，教育者掌握节奏，并随时提供启示和答疑解惑，以帮助学生更好地理解文本。第三种是小组协作模式。这是一种追求达成共识、充分理解的模式，它主要依靠集体智慧和团队精神来达成目标。

2. 阅读中图式的创建

（1）选择

选择教学材料中的关键词或概念，这一步取决于具体的教学内容。没有具体的文本作为参考，无法确定关键词或概念。

（2）排列

在选择了关键词或概念之后，我们需要按照一定的顺序组织这些内容。通常，我们可以按照从抽象到具体的顺序进行排列，这样可以帮助学生更好地理解教学内容。同时，我们还需要注意概念之间的分层关系，以确保信息的逻辑性和系统性。

（3）串联

将排列好的关键词或概念进行串联，这一步需要通过逻辑分析找出它们之间的联系，并将它们组合和连接起来。这样可以帮助学生更好地理解教学内容，形成完整的知识体系。

（4）创建图式

最后一步是将串联好的关键词或概念用图表的形式呈现出来。在创建图式时，我们需要考虑准确性、完整性、视觉效果以及组织形式等因素。一个好的图式应该能够清晰地呈现出教学内容的结构和关系，方便学生理解和掌握。

此外，阅读图式的创建还需要结合记忆系统的特点。人们的记忆系统通常由三个部分组成，分别是感知记忆、短期记忆和长期记忆。虽然感知记忆系统和长期记忆系统之间有相互依存的关系，但是要将感知记忆系统融入长期记忆系统中，必须通过短期记忆系统，也可以称之为工作记忆。此外，当工作记忆将输入的信息与已存储的记忆相融合时，它只能处理一小段定量的信息，即只能涉及两到三个概念。因此，在需要输入大量信息时，工作记忆和长期记忆应当不断地结合并相互协作。通过使用思维导图的技巧可以让学生构建自己的认知结构。思维导图可以简明地呈现出文章中的重要概念的结构，帮助学生更好地理解和记忆教学内容。这种分析方法可以将新知识与旧知识结合起来，将抽象和概括的概念转化为相对具体和更易于理解的内容，从而提高学习的实际效果。

在教学过程中，教师可以利用宏观的概念图来帮助学生理解教学内容的主要意义。同时，也可以制作相对具体的表格图来表达一些细节性的知识。这种方法可以帮助学生更清晰地理解抽象概念，并将其放置在全局知识框架的适当位置，从而有助于他们建立全新的知识框架。

（三）思维导图与英语写作

在英语学习的过程中，写作能力被视为一项极为重要的技能。许多学者认为，英语的书写能力可以作为衡量英语能力的一个参考标准。同时，许多教育专家也指出，教授英语写作是一项充满挑战的教学任务。学生普遍认为写作困难，这主要源于他们对写作缺乏浓厚的兴趣，往往将写作视为考试之前的练习，而非实际生活中实用的技能。他们经常感到英语写作难以表达思想，缺乏逻辑性，同时词汇量和相关写作知识也不足。此外，教师在教授写作时往往缺乏固定有效的教学模式，教学方式陈旧，缺乏创新。在课堂上，教师通常占据主导地位，单方面提供写作主题，导致学生缺乏足够的反馈和指导，难以有效地完成写作任务。这种传统的写作教学模式不仅抑制了学生的写作热情，而且忽视了写作在实践经验和实际生活中的作用。

值得注意的是，教师在评估学生的写作水平时，往往过分关注最终成果，而忽视了写作过程的重要性。这种偏向成果的教学方式导致学生逐渐失去对写作的兴趣，甚至在面对写作任务时感到害怕和无从下手。这不仅让原本有趣的写作变得沉闷乏味，也增加了教师的教学难度。

多年来，学者一直在探索有效的方法来提高学生的英语写作兴趣和效率。尽管写作的价值在某些情况下被忽视，但学者始终关注学生对本地语言思维、认知和知识信息的掌握情况。近年来，相关研究人员在英语写作教学中引入了思维导图模式，并通过各种分析、测试和比较发现，思维导图能够有效地激发学生的认知图像，从而帮助他们更好地构建语言，整合新旧知识，创作出具有独特个性的优秀作文。这种教学模式不仅提高了学生的写作能力，也激发了他们对英语学习的兴趣和热情。

第二节　互联网背景下的高校英语教学

“互联网＋教育”的出现要求各种事物都应尽量与互联网技术相结合，这是各种事物在当下的发展趋势，大学英语教学也要顺应这一发展潮流，寻求与互联网技术结合的机遇，以此提高大学英语教学的效果。

“互联网＋教育”是指利用互联网技术和平台，实现教育资源的开放共享，提高教育质量和效率，满足社会和个人的多样化学习需求的新型教育形式。对于高校英语教学而言，“互联网＋教育”不仅可以拓展教学内容和方法，增强教学互动和反馈，还可以培养学生的自主学习能力和跨文化交际能力，助力学生适应信息时代的挑战。

一、互联网对高校英语教学的深刻影响

（一）中国传统大学教育面临市场化的冲击

多年以来，人们一直把高校视为知识和学术的中心。虽然活字印刷机、电报、电话、无线电、电视机以及计算机的出现和使用改变了人类社会的面貌，但是传统教学依旧以生产和传播知识以及对学生进行评价的核心方式为基础，没有发生变化。有人认为，以传播信息为主的行业像新闻媒体、印刷媒体、音乐和电影等可能会对高等教育产生极大的影响。当前，知识的传播已经不再局限于大学校园内。随着大数据、云计算、移动网络和高清流媒体视频的发展，以及即时信息采集技术的不断进步，无数知识和信息已经得以广泛传播至互联网的各个角落。这种现象促使人们重新关注网络社会中现代大学所扮演的角色与承担的使命。互联网教育的发展已经渗透到大学的每一个角落，引发了争议和反思。这一变化已经把大学推向了一个“四面楚歌”的境地。互联网教育的低成本和高效率则吸引了越来越多的学习者。这就使得传统大学英语教学面临着来自互联网教育的竞争和挑战，因而不得不进行改革和创新，以适应市场的需求和变化。

（二）使普通高校面临缺乏优质生源的挑战

互联网教育可以提供免费或低价的课程资源。随着在线教育的不断完善和社

会认可度的提高，一些学生不必被迫考虑进入所谓优质大学或者选择不感兴趣的专业了，他们可以通过在线学习所需的知识，并获得相应的学历或证书。

互联网教育能够获得等同的学位认可，同时允许学生自由选择学习专业，这可能会给高校带来来自互联网教育方面的竞争压力。高等教育的核心在于为学生构建坚实的理论基础，并着眼于提升学生的思维素养。这就使得传统高校教育难以与互联网教育和技术教育相竞争。这不仅影响了高校的招生和经费，也影响了高校的师资和教学质量。普通高校因此面临着招收优质生源的困境和危机。

（三）使大学生受到学习碎片化的影响

碎片化学习是指利用零碎的时间和空间，通过多种媒体获取和处理零散的信息和知识，形成个人的学习和认知的学习方式。例如，学生可以利用乘坐公交车、课间休息、睡前十分钟等零碎时间，通过手机、电脑、平板等设备，从微博、微信、知乎、百度等平台，获取和学习一些零散的英语单词、语法、文章、视频等内容。碎片化的学习资源通常具有短小精悍、结构松散、传播速度快、寿命短等特点，呈现出去中心化、多元化以及娱乐化的特征。这些特点既为学生提供了便利和乐趣，也带来了一些挑战和问题。

首先，碎片化的知识点信息内容简洁、结构灵活，可以鼓励学生改变传统的认知方式，适应新的知识展示形式。但是，由于学生已逐渐形成快速获取信息的习惯，他们可能不太适应长篇的信息阅读和书本阅读，对此可能感到吃力。此外，传统的高校教育通常是系统的知识教育，而碎片化的知识则要求学生能够对知识进行加工和整合，否则学生可能会产生认知障碍，甚至产生误解。

其次，碎片化知识的流传速度极快且存续期短，这就要求学生拥有更强的记忆能力和信息处理能力。在传统教育模式下，大学生更喜欢使用纸质书籍来获取知识，因为这种连贯性的阅读方式可以帮助他们更好地吸收和记忆知识，新的信息可以与先前的信息相互联系。但是，由于碎片化知识主要存储在短期记忆中，所以在未来寻求信息时，学生可能会产生误解或混淆，从而导致信息的不准确。

最后，由于碎片化信息的分散、多样和娱乐化特点，学生可能难以将注意力集中在一个方向上，思考可能出现跳跃的情况。如果学生接触到的知识点过于烦琐、杂乱，他们可能会分散注意力，难以集中思考并深入理解某一主题。此外，大量的碎片化知识和信息唾手可得，而其中的一些信息内容可能空洞、缺乏价值，甚至是毫无价值，如果学生对于这类信息全盘接受而不加以思考，可能会导致他们的思维活动空洞，缺乏深度。

正是因为互联网教育与各行各业的知识在不断融合，知识不断更新拓展，知识的复杂度加强，信息以指数级增长，且呈现出碎片化的形式，虽然可用的资源丰富，但也存在质量参差不齐的问题。在传统学习模式下，学生一直接受的是填鸭式教育，对于知识实行的是全盘接受，无须考虑其他。然而，在互联网时代，学生需要对知识信息进行加工处理，这对于学习能力不足、信息加工处理能力不足的学生来说无疑是一个巨大的挑战。因此，如何有效地利用碎片化的学习资源，提高学生的信息处理能力和学习效率，成为大学英语教学面临的新的挑战和任务。

二、互联网背景下高校英语教学的目标

（一）改变传统观念

在互联网背景下，大学英语教学应该改变传统的教学观念。我国传统的教学往往以教师为中心，学生往往是被动的学习者。这种教学形式不能被完全否定，其也存在可取之处，如其对知识系统的传授是较为完整的。但是也不可否认其存在弊端，即忽视了学生的主体地位，未能深入关注学生内心的变化。因此，传统教学观念在培养学生独立性与创新性层面存在着明显的不足。

互联网背景下的大学英语教学就是要将学生的主体性充分发挥出来，让他们勇于创新，让学生真正成为知识的主体与建构者，而不是被动的接受者。教师应该逐渐成为课堂的指导者与组织者，引导学生对意义加以建构，而不仅仅是主宰与灌输。因此，无论对于教师、学生还是管理人员而言，都应该改变传统的教与学的观念，从以教师为中心转向以学生为中心，从完全的课堂教学转向计算机辅助自主学习。传统的计算机辅助教学仅仅改变了教学手段，因此在这里计算机仅仅是一种辅助工具，对教学内容、教学结构等未做改变。互联网背景下的大学英语教学是运用互联网创造理想化的学习方法与环境。同时，教师也应该改变传统观念，不能仅仅将互联网视作辅助的工具，而应该强调将互联网视作学生自主学习与情感激发的工具，将其看成课程的一部分。

（二）改进教与学的方法

在互联网背景下，大学英语教学应该逐渐改变教与学的方法。大学英语教师并不是知识传授的唯一渠道，教师应该引导学生突破课本的限制，运用互联网技术，进行自主探索、自主学习，实现资源的有效共享。教师应该将学生带入计算机网络构建的探索空间，使他们的知识获取渠道更为广阔。这就要求教师的教需

要做如下几个方面的改变。

①课堂教学层面，从原本的以课本为主导的教学转变成帮助学生探寻、收集学习资源的教学。

②教学组织层面，从原本的以教师为中心转变成教师帮助学生展开深层次的思考，引导学生设计适合自己的学习任务。

③教学设计层面，从原本的对教学内容的注重转变成对教学过程、教学模式的注重，并深层次开发与利用教学资源。

④教学模式层面，从原本的以教师为中心的教授、模拟等步骤转向注重学生的自我探索，与教师或者其他学生进行合作学习。

⑤教学评价层面，从原本强调对学生学习结果的终结性评价转向对学习过程的形成性评价。

可见，在互联网背景下，学生的学习并不能完全对教师与课本产生依赖，而是应该学会运用互联网平台，与老师和同学进行互助式学习，并运用互联网对信息加以收集与探究。因此，在互联网背景下，学生需要掌握以下几种能力。

①运用网络资源展开自主学习。

②运用网络进行交流与协作。

③在数字化情境中展开自主学习。

④运用信息加工工具展开创新学习。

（三）提高教与学的效率

在互联网背景下，计算机成为大学英语教学常规的手段与工具，并在每一位教师、每一堂课中渗透，逐渐成为一种常态化的手段。因此，计算机不再是一种辅助教学的工具，而逐渐成为课堂教学的一部分。也就是说，计算机除了演示功能外，还可以发挥其他功能，如激励学生学习、促进师生之间的交流、运用个别辅导软件进行辅导、运用数字测试系统进行测试等。这些都是计算机超级强大的功能，在这些功能的辅助下，学生学习的积极性也会提高，可以改变之前“费时低效”的学习状态，促进教与学效率的提高。

（四）整合教学资源

在互联网背景下，各种资源可以被引入进来并被利用。什么是教学资源？美国教育技术与传播协会（AECT）将教学资源定义为“帮助个人有效学习和操作的所有东西”。但应用到高校英语教学中，教学资源应该包含教与学中的所有人力、物力以及信息等资源。一般认为，学习资源包含如下几种。

①根据学习资源的来源，可以将学习资源划分为设计资源与可利用资源。前者指的是从教学目的出发而准备的资源，如教材、教室等；后者指的是用于为教学服务的资源，如教学软件、百科全书、网络信息资源等。

②根据教学资源的表现形态，可以将学习资源划分为硬件资源与软件资源。前者指的是在教学过程中需要的场所、设施等设备，后者指的是媒体化的学习资料等软件。

③根据教学资源所涉及的人与物，可以将学习资源划分为人力资源与非人力资源。前者指的是同学、老师、学习小组等，甚至一些可以通过网络展开交流的人员；后者指的是教学信息、学习媒体等。

目前我国的高校英语教学各方面的资源都较为短缺，尤其是人力资源。大学扩招给原本就比较紧张的外语师资带来严重的压力，正如吴启迪所指出的那样："用传统的教授方法，需要多少师资才能满足教学需要，完成教学任务？如何来保证教学质量？这些都是我们必须面对和思考的问题。在校学生的数量不断增加是国家在一定历史时期社会、经济发展的要求，也是高等教育大众化发展的必然趋势，但我们的教师队伍不可能以同等的速度无限制增长。"[①] 这就需要改变传统的教学方法，利用现代信息技术整合现有的教学资源，满足高校英语教学的需求。

三、互联网背景下高校英语教学的基本原则

（一）以学生为中心原则

互联网教育视域下高校英语教学需要坚持以学生为中心的原则。在学习过程中，学生考虑自身的特点与实际水平，主动参与到学习之中，选择与自己能力相匹配的内容。在人机交互过程中，学生能够主动地思考，并动手进行操作，从而激发学生学习的主动性与积极性。

以学生为中心的互联网教育不仅为学生提供了自由的学习空间，还为学生提供了大量的学习内容，使他们在学习中不断提高。

（二）主导式自主学习原则

以互联网为核心的现代信息技术逐渐进入英语教育领域，这就促使以教师为

① 吴启迪．我的大学工作[M]．上海：同济大学出版社，2012．

中心的传统教学转向以学生为中心、以教师为主导的教学，以单向传授知识与技能的教学转向既传授知识与技能，又注重语言运用能力与学生自主学习能力培养的教学。

当前的高校英语教学应该以互联网为依托，集文字、图像等于一体，以个性、开放的形式对高校英语教学的信息加以存储与加工，并进行传播，将互联网技术与高校英语教学紧密结合，将课堂教学与互联网学习紧密结合，以学生为中心，展开以教师为主导的自主学习，即主导式自主学习。简单来说，主导式自主学习是一种有目标指向的积累性的学习方式，学生基于教师的主导，在宏观目标的调控下，从自身的需要与条件出发，设定并达成具体目标的一种学习方式。其主要表现为教师在学习中充当参与者的角色，学生将自身的独立性与主观能动性发挥出来，实现教师与学生的良性循环与有机结合。

在主导式自主学习中，主导指的是教师创造一切与学生学习相关的环境，引导学生建构对周围世界的认知。自主指的是采用一种独立的方式进行学习，但是这种学习不是自由的学习，而是自主学习，其需要学生形成积极的学习态度，对自己的学习内容、学习目标有明确的认识，并采用恰当有效的方式展开学习。同时，这种自主还强调基于目标的指导，学生要进行自我调控，主动参与到学习之中，并努力实现目标。虽然自主与主导有着不同的视角，但是二者对于世界的认识、对于知识的整合以及对意义的建构等的实效性与主动性都非常注重，都是将提升学生的素养作为着眼点。从这个角度来看，二者是密不可分的关系，自主以主导作为航标与指向，主导以自主作为助推器与支撑单位。

（三）多元互动教学原则

教学是人与主体之间交流情感与思想的过程。教学效果的好坏并不取决于教与学，而是取决于教与学主体间的互动效果。所谓多元互动教学，即在互联网环境下，高校英语教学中教师与学生之间、学生与学生之间、教师及学生与计算机之间的相互作用，是一个以促进学生主体认知重组为基础的多层次的交互活动，目的是实现意义的建构。

多元互动教学使现代高校英语教学的教师、学生、教材等要素形成了立体的网络，学生置于真实的情境之中，运用自身所学的知识与技能，通过对一系列的语言实践活动进行观察，并不断进行探索与试验，逐渐掌握语言知识与技能的意义。就这一层面来说，互动在语言教学中被认为是运用语言最本质的特征，是学生获取英语知识的一条必经之路。

四、互联网背景下高校英语教学的优势与挑战

（一）互联网背景下高校英语教学的优势

1. 提高学生的学习积极性

在教学过程中与学生互动可以激发其学习兴趣，提升学习动力，使学生形成积极的学习心态。互联网能够提供交互式教学环境。交互性和个别化是互联网所具备的两个主要特征。其中的交互性指的是学习过程中学生不仅仅是知识的被动接受者，而能够参与到学习活动中。传统的教学方式基本上是以教师为中心，由教师来决定教学内容、教学策略、教学方法、教学步骤，甚至练习内容都是教师预先设置好的。学生只是被动地接受教育，缺乏主动性。互联网能够通过多媒体交互方式快速响应学生的问题，根据学生所提供的答案进行逻辑分析，并及时提供反馈信息。学生可以根据自己的学习能力和兴趣自主选择希望学习的课程内容，这种学习环境可以让他们进行交互式学习，提高学生的学习积极性。

2. 丰富课堂知识

课堂的知识容量大，延展性强，有利于充实课堂教学内容和提高教学效率和质量。在互联网技术支持下，英语教师可以利用现代多媒体技术把大量的教学内容融入课堂中，知识的呈现方式不再局限于文字和图片，而是集文字、图片、声音、视频等多种媒体形式于一体，学生通过不同媒体形式获取新知识，而且在视觉和感官上都有新的体验，从而在有限的时间内更加有效地吸收新知识。

3. 充分调动学生的主体性

互联网背景下的高校英语教学中，学生占据主体地位，教师发挥主导作用，这就营造了一个轻松、和谐、融洽的师生交互的环境。教师借助多媒体的优势，设计活动，组织教学，充分发挥其主导性，让学生在不同的活动中参与、体验、感悟、交流和成长。所设计的活动涵盖了自主学习、合作探究学习等多种形式，旨在培养学生的自主学习能力、自觉性和合作学习精神。同时，多媒体技术和网络环境为师生之间的互动提供了一个宽松、和谐的平台，使学生乐于参与、敢于表达、积极思考，进而形成自己的新知识体系，提高自主思考和处理问题的能力。

（二）互联网背景下高校英语教学的挑战

1. 传统的教学方法与教学手段面临的挑战

在现代教育环境中，获取知识的方式正经历着深刻的变革。传统的以教师为中心侧重于“灌输”式的授课方式正逐渐被慕课、微课等基于互联网技术的先进

教育模式所补充。这些新兴模式提供了更加丰富和多元化的教学内容，同时，学生可以利用互联网在任何时间、任何地点获取所需的教育资源。

传统的高校英语教学通常是教师主导教学，学生则相对被动地接受教育。然而，随着互联网的普及，英语教学方式也发生了改变。通过运用互联网工具以及探究式、项目式等新型教学方式，教师能够创建互动性、协作性更强的教学环境来实现更高效的教学，从而突破出传统教学的局限。在这种模式下，教师的角色变为引导者和启发者，而学生则通过积极参与来获取知识，形成了一种全新的教学模式。显然，传统的黑板加粉笔的模式已经无法适应时代的需求，我们应该以互联网为依托，运用多样化的现代教学手段，不断提升高校英语教学的质量和水平。

2. 传统的学习观念与学习方式面临的挑战

随着互联网技术的进步，学习观念与学习方式也面临着挑战，人们越来越倾向于通过自我学习、自我驱动和协作学习等方式来获得知识。互联网的普及使知识的获取变得更加广泛和自由。学生通过互联网可以获取到更加丰富的学习资源。在这一背景下，教师已经不再仅仅是知识传授者，更重要的任务是引导学生学会如何学习，掌握学习技巧，并在课后解答其遇到的问题。将互联网资源融入课堂教学，为学生提供更广泛、更多样化的自主学习选择，有助于激发学生的学习兴趣和积极性，促使他们由被动接受者转变为主动探究的学习者。在资源选择方面，学生的自主权得到了更加充分的尊重和体现。他们有权自主选择是否采用本校教师提供的微课讲解，或选择来自其他学校教师的讲解。学习的时间和地点也可以根据个人的需求和计划进行自由安排，只要具备无线网络，学生就可以在任何时间、地点展开学习，从而消除了传统课堂只能讲授一两遍的弊端。

互联网技术的运用使英语教学呈现出更强的互动性。通过在线学习平台，教师和学生之间以及人与计算机之间的交互得以实现。学习平台不仅能够即时监控学生的学习进度，同时也支持教师通过查看学生的学习历程，向其提供反馈和建议。在互联网时代，高校英语学习方式的主要特点包括泛在性、自主性和随时性，这种方式彻底颠覆了传统的“机械式”和“被动式”的学习方式，使学习变得更加灵活多样。

3. 传统的教师角色与教学技能面临的挑战

互联网时代的到来也对教师的角色和教学技能提出了挑战。传统的教学模式下，教师的职责主要定位于知识传递和授课。然而，随着互联网时代的迅猛发展，涌现出许多新的在线学习方式和工具，如慕课、微课、翻转课堂以及移动学习平台，这要求教师在引导学生学习方面发挥更加重要的作用，注重引导、协助和促进学生学习。因此，当前教师的作用主要是辅助学生轻松获取资源、有效利用资料并将知识应用于现实生活，还需随着时代的演变不断提高和更新个人的信息技能水平。在当前的情况下，作为教师，不仅需要具备高水平的资源开发和课堂管理技能，还要掌握先进的信息技术应用技巧。

教师可以利用网络上提供的众多资源来辅助学生学习。然而，由于网络资源繁多，学生在选择时可能会感到困惑。因此，教师应该帮助学生筛选和甄别资源，并在课前向学生提供一些有价值的资源，如微课视频、微课课件等。教师在教学时应当灵活运用合作学习和项目学习等教学策略，以激发学生学习兴趣和热情，并巧妙引导他们参与课堂活动。教育领域的专业人士应该随时关注新技术的发展，并且具备使用信息技术的意识、知识和技能。除了熟练地运用教学技能以外，他们还需要具备制作微课视频、监控学习平台以及为学生提供在线和离线互动等信息技术方面的技能。我们需要思考如何平衡传统教学方法和现代教学方法，以便继续对学生的思维能力、情感素质和个性等方面产生积极影响。

五、互联网背景下高校英语教学的新模式

（一）微课教学模式

1. 微课的定义

微课通常采用以视频为主、以 PPT 为辅的形式，聚焦于某个知识点或教学内容，提供简短而完整的教学内容记录。在教学过程中，微课着重于向学生详细介绍某个专门的知识点，采用简明扼要的视频形式，将教学信息传递给学生。微课中还提供相应的教学设计、练习作业和专家评价等辅助学习模块，以帮助学习者更好地掌握相关知识。微课不仅延续了传统的教学方式，而且创造了一种全新的教学形式，不拘泥于固定模式，具有更加开放和灵活的特质，以满足当代教学的需求。

2. 大学英语微课教学的构建策略

在大学英语教学中应用微课，首先要使其与学校所制定的教学培养目标相适应，并且将二者有机结合起来，从而保证微课教学内容的可行性与科学性。在设计微课时，必须遵守高校英语的教学特征及实际教学情况，合理规划不同类型的微课程，从而使不同类型的英语教学需要都能得到有效的满足。具体来说，在高校英语教学中应用微课这一教学技术，可以采用以下策略。

（1）微课要与网络教学平台相结合

大学生通常具备运用网络沟通与处理知识的基本技能，通过学校网络平台，

他们可以拓展自己的知识渠道，丰富自己的知识结构。要改变当前高校英语教学中内容单一的情况，进一步拓展和扩充英语教学内容，需要教师首先认真研读高校英语教学大纲，从中获取有效信息，并结合相应要求，创建与教学目标相关联的网络教学资源。将优质的教学资源整合到微课程中，让所有的学生都能通过微课学习来共享这些新的内容信息。网络教学平台可以实现完整的教学过程，微课资源可以在某一平台上集中整合，学生进行系统的自主学习。为了最大限度地发挥微课的优势，必须选择和确定合适的微课平台。上传微课资源到网络教学平台后，学生能够全方位地了解教学设计、目标、内容、活动和评价等方面，以更好地利用学习服务平台的各种功能。

（2）在设计微课时，选择恰当的主题

微课的最终教学效果在很大程度上取决于微课的设计程度。因此，教师一定要重视微课主题的选择。对于高校英语教学来说，选择合适的微课主题首先要确定教学目标，即通过微课教学，学生应该获得哪些知识点，掌握哪些技能。然后，选择与此相关的高校英语理论或实践课中学生经常遇到的问题和重要知识点，有针对性地解决学生可能会遇到的问题。同时，教师在设计时要尽量全面考虑，难度适当，切合要求。通过微课中体现的主题，可以更准确地确定高校英语教学实践中的具体问题。

（3）对微课进行全面且深入的分析和理解

微课的教学实施在时间上是有所限制的，在教学内容方面要做好有针对性的选择，深度与广度都要恰到好处，不能太难也不能太容易。另外，还要注意微课学习的时间控制，以满足大部分学生利用课余碎片时间学习的实际情况。因此，教师需要对教学目标、教学内容和学习者进行合理的分析，以确保课程的知识完整性和连贯性。教师在设计微课前需要对学生的认知基础、学习能力、技术水平、需求状态以及价值观与目标、知识与技能、过程与方法等进行深入分析。通过对这些内容的分析和总结，可以使教师合理地组织和设计出高质量的微课，满足学生的学习需求。

（二）多模态互动教学模式

1. 多模态互动教学的定义

多模特互动教学是指在教学过程中将语言与非语言符号相互融合，共同生成语言意义的教学模式。根据多模态语言理论，语言的输入和输出会受到多种符号模态的影响。因此，在英语教学中，我们可以结合音乐、图像、网络等形式，丰富英语课堂，调动学生学习的积极性与主动性，从而交互式地学习英语语言，达到充分记忆和恰当应用英语的目的。

在大数据驱动下，教师采用多模态互动教学，可以充分运用网络多媒体等手段，创设各种语言学习情境，让学生真正体会到语言学习的乐趣，多渠道地激发学生的感官，为学生提供全方位的沉浸式环境，促进他们不断提升语言能力。

2. 高校英语多模态互动教学的构建策略

高校英语多模态互动教学作为一种新型模式，充满活力，在大数据背景下必将日趋完善。下面具体分析英语多模态互动教学的构建策略。

（1）充分利用多媒体资源

引入多媒体技术是高校英语教学的重要变革。多模态教学强调将学生的各种感官调动起来，实现英语学习目标。多媒体课件能够结合文本、图片、音频、视频等资源，教师需要精心准备，从不同教学内容与任务出发，搜集资料，进行整理与设计，制作出符合学生需求的多媒体课件。

（2）建设多模态化英语网络空间

随着网络技术与大数据技术的发展，网络空间教学成为新的趋势。通过网络平台，教师与学生展开交互活动。他们可以创建一个需要实名认证的网络空间页面，在此平台上，教师和学生可以进行学习、交流和互动。

实施英语网络空间教学之后，师生可以摆脱时空限制，在即时问答、论坛等项目下展开有效互动，加深了教师对学生的了解，为师生互动提供一个平台。

学生积极参与网络空间，完成作业，分享学习资料，调动感官，提升学习效果，实现有效学习目标。

第三节　微时代背景下的英语教学

一、微时代的内涵

自 21 世纪以来，科技飞速发展，尤其是网络技术的迅速进步深刻地影响着人们的生活和工作。“微信”“微博”“微公益”等以“微”为特色的新兴传播媒介充斥着人们的日常生活。这些媒介以其独特的传播方式和文化内涵影响着人们工作和学习的方方面面，因此承载着这一现象的时代被人们称为微时代。

随着社交媒体如微博和微信的普及，微型化的时代已经来临。在现代社会，人们对于冗长的文字内容越来越缺乏兴趣，更倾向于在短篇幅文章中获取信息。长篇大论的文章已经不再像过去那样受欢迎。文字爱好者可能会深入阅读文章，而大多数人则更喜欢获取简洁明了的信息。微时代的到来意味着人们需要面对海量的信息，并且移动教学平台如“学堂在线”“慕课”等正悄然改变着高校英语课程的授课方式，促进了移动教学和学习方式的普及。

微时代注重强调时间、内容和主题中的细微之处。微时代可以分为广义微时代和狭义微时代。广义微时代是在信息技术高度发达的背景之下建立起来的。广义微时代中，微型公共服务平台得以发展，为政治、经济、文化和教育等各个领域提供服务。狭义微时代中，人们可以通过微表达、微传播和微动力，以简洁的语言自由表述自己的思想，传递观点，形成一种强大的动力，“微”汇聚成“众”。在微时代，微表达和微传播促成了微动力的形成。大数据时代的兴起催生了微时代的兴起。

二、微时代背景下的英语移动教学应用

在微时代背景下，英语移动教学利用无线移动通信网络技术及设备，使学习者能够随时随地以多种方式进行学习。随着科技的迅猛发展和高等教育对人才的需求日益增加，将移动学习和高校英语教学结合起来，采用新技术构建移动教学模式已经成为一个备受关注的研究领域，这一领域已经引起各大高校的关注，并成为研究者热衷于探究的方向。

自 2001 年起，来自英国、意大利和瑞典的五家机构合作开展了利用移动技术为年轻人提供教育服务，旨在弥补欧洲部分地区教育机会受限和缺乏读写技能的缺陷。通过三年的不懈努力，他们成功研发出了移动学习项目。这个项目的创新点在于提出了“移动学习”的概念，引起了学术界的广泛关注和研究，并将移动技术与教学紧密结合，推动了移动教学的发展。最近，斯坦福大学开发了几款简单的移动学习原型，旨在利用智能手机进行语言教学，这使得他们在远程学习领域保持了领先地位。

我国对于移动学习的研究主要集中于探讨学习方式和利用移动设备进行学习的应用。我国正在采用的移动学习方式包括短信 (SMS) 方式、多媒体信息 (MMS) 方式、基于浏览和链接的方式以及存储携带方式。这些方式都是在不改变学习内容的前提下，为学生提供更加便捷的学习途径。“移动学习终端选择与评价”的内容提供了七个评价标准，可以用于评估移动学习终端的优劣，并为研究人员在选择移动学习设备时提供了有益的指导。然而，在探索与移动教学相关的问题时，

目前的研究很少深入探讨移动学习如何与其他学科相互交融，特别是在高校英语教学领域。①

自2006年推特成为全球首个微博网站以及2011年初腾讯公司推出微信平台以来，我们已经进入了一个真正的微型社交媒体时代。新兴媒体如微博和微信已成为政治及信息等领域中不可或缺的角色。越来越多的高校教师开始采用移动教学这种有效的新教学方式，将其灵活运用于教学中。

（一）微时代下的大学英语移动教学

移动学习或移动教学是一种新兴的教育理念，其具体指的是利用移动设备在无线移动网络中，使教师和学生能够进行互动式的教学活动。换句话说，这就是将互联网和多媒体技术应用到高级无线移动设备上，如智能手机和平板电脑，来创建一种新的远程教育平台。这一平台提供了一个全新的远程教育机会，让教师和学生可以随时进行学习、培训和互动。在这个教育过程中，教师的主要作用是发布学习材料，以供学生自主获取学习资源并实现有效学习和自我管理的目标。

在微时代中，移动教学是一种弹性学习方式，通过利用微信、微博等微型社交媒体工具来实现。从2009年下半年开始，随着新浪、搜狐、网易和腾讯等门户网站的出现，以及微博、微信和微电影等平台的普及，我们已经进入了微时代。虽然微时代的产品主要目的是传递信息，但是人们普遍利用这些产品来获得知识也是不可否认的事实。微时代产品具备广泛的学习能力，可应用于移动学习。此外，由于网络微博和手机微信的广泛应用，人们使用这些工具的普及率不断增加。因此，越来越多的学生选择利用它们来学习。

（二）微时代高校英语移动教学的区别性特征

越来越多的大学生认可高校英语移动教学，这种新的教学方式正在促进教学质量的提高，切不可忽视其作用。微时代的高校英语移动教学与其他教学模式相比，有以下三个显著特点。

1. 学习时间和地点的灵活性

微时代的高校英语移动教学允许学生在灵活和自由的时间和地点进行学习。学生可以在排队、等车等空闲时间中利用碎片时间学习。他们可以使用小型无线通信设备，如手机或平板电脑，在学校食堂或火车站等场所浏览英语学习内容，

① 陈迪．“微时代”的大学英语移动教学研究[J]. 鸡西大学学报，2015，15（4）：91—93.

身临其境地沉浸在学习英语的氛围中。许多学生现在喜欢利用零散时间背诵英语单词，认为这种方法别出心裁且有助于缓解在课堂上不得不大量背诵单词的压力，从而提高学习效率。

2. 自由选择学习内容

与传统教育方式相比，学生可以利用微时代产物自行掌握学习内容。在传统高校英语课堂中，学生必须按照教师的教学计划和教材的内容完成相同的学习任务，这可能削弱了学生对其他领域知识的兴趣。微时代的移动教学使学生可以自主选择有趣的知识内容进行学习，丰富的学习资源也大大激发了学生的学习兴趣。

3. 互动交流的及时性

确保信息的及时性是互动交流的重要特点。随着无线网络的普及，人们不再受到位置的限制，可以在任何时候、任何地点与他人交流。采用这种技术可以增进教师与学生之间的互动，使他们能够在课下便捷地进行及时的学习交流。使用微博、微信等微型社交媒体工具进行英语教学，有助于增进师生之间的情感交流，营造轻松自由的学习氛围，帮助学生更加自主地进行学习。

（三）微时代移动教学在高校英语教学中的应用

1. 构建资源平台

在进行高校英语移动教学时，需要遵循一些构建原则，有效地利用微博、微信等微时代产品。首先，构建资源平台的人需深入了解移动学习的独特特点，采用体验式学习、讨论式学习、协作讨论、自主学习、个性化学习、在线学习、离线学习等多种形式，确保学生高效完成学业，获得最佳学习效果。其次，在学生处于移动状态时，外界环境的干扰会对他们的注意力产生一定的影响。因此，教师应该设计内容简洁独立的学习材料，并采用图像、音频和视频等多种形式来呈现。此外，每次上传更新的学习资料内容量不应过于庞大。

2. 教学活动的开展

首先，教师要求学生经过微信应用技术的培训，并加入一个微信群，以创建一个微信群平台。接下来，教师利用该平台发布口语练习和英语视频，并与学生进行互动，包括解答疑惑、分享最近的趣事等。这可以有效地促进师生之间的交流和互动。在活动的进程中，我们也可以将其他学科的任课教师纳入这一平台，让他们体验这种新的教学模式，并提出有价值的建议。

活动方案包括两个部分，一是发布微信口语任务和学习资源，二是通过微信群组进行小组互动学习。教师在课程结束前布置作业，学生使用微信平台接收作业，可以解决复制作业时间不足和遗忘要点的问题。

此外，教师还可以利用微信发布短视频，展示教学内容，并要求学生跟读和模仿。学生上传模仿跟读视频到微信群，供其他同学评判。这种学习方式别具特色且吸引人，有助于激发学生练习口语的热情。教师可以在一个开放的平台上发布丰富的学习资源，学生使用手机登录分享学习内容，有效利用碎片化时间进行学习。微信移动教学强调小组互动，促进学生互动和交流。教师在群组中与学生互动，帮助解决学习难题，激励学生积极参与英语学习活动。学生在微信群中讨论教师授课内容或课后作业，加强学习效果。这个方法解决了异步时间问题，还可以将讨论内容记录下来，便于学生反复研读和复习重要知识点。

3. 教学成果总结

微信移动教学实验取得的教学成果有以下三点。其一，学生的学习积极性明显地提高了。新型教学法激发了学生对于英语学习的热情，获得了学生的积极认可和极高评价。其二，教师与学生之间的互动更加融洽。根据学生的反馈，在课堂和课外，他们都能与教师交流和探讨学习方法和技巧，感到更加自在。其三，通过这个项目，学生在英语交际方面的机会有了明显的增加，同时也拥有更多的方法和途径来进行英语口语练习。学生有闲暇时间使用移动设备学习，参加口语测验。

三、基于微信的英语写作教学

（一）微信应用于英语写作教学的可行性

微信作为一种移动聊天应用程序，于 2011 年问世，具备高速传输文字、图片、语音和视频等信息的功能，支持多人对话。由于微信用户众多，因此可以将其作为英语写作教学平台来使用。随着微信被广泛运用于学习平台，越来越多的人开始探索利用微信和公众号进行英语教育。

在英语课程教学中，教师和学生可以创建一个微信群组来进行交流和互动。学生填写信息时需提供班级、学号和真实姓名。教师根据学生的英语水平进行分组，确保讨论高效有序。在微信群中，小组成员可以相互交流学习心得和分享学习资源，讨论作业相关问题。学生可以通过社交媒体平台和即时通信工具提交作业。教师担任微信群的群主时，需履行管理员的职责，限制学生在平台上发布与学习无关的话题。根据学生的实际情况，可以灵活运用微信群、微信小组和朋友圈等功能进行教学沟通。如有需要，还可以提供一对一的个别辅导。

（二）基于微信的翻转课堂应用

使用微信平台来实现翻转课堂，可以增强学生的主动学习能力，促使他们更多地进行练习。基于微信的翻转课堂将翻转课堂与传统教学方式融合，借助微信平台，由教师指导，让学生接触多元学习资源，使两者相辅相成，相互激发，实现协同教学，充分利用传统课堂和微信平台教授英语写作技能。

1. 传统课堂优势的发挥

尽管信息技术的快速发展带来了巨大变革，但新兴教学方式并不能完全替代传统课堂教学。在英语写作教学中，教师可以运用各种方法来启发学生的创作灵感，介绍相关知识背景，并提供充足的素材，以增进学生的思维深度，并提高其写作能力。这些方法可以在传统课堂环境中实施。在这个阶段，教师通过全方位的观察了解学生的学习转变情况。①

2. 使微信平台成为英语写作教学资源平台

教师通过微信班级群的群公告发布课程信息，可以让学生提前获取写作课程目标、安排和要求，有助于他们做好课前准备，提高课堂教学的针对性和深度。教师可以利用社交媒体发布写作课程、写作素材、相关资源、写作练习和测验，以及优秀作品。这些内容通过不同板块呈现，标题标注明确，方便学生查阅，是对传统课堂内容的整合、补充和深入探究。

（1）写作课堂

学生可以通过朋友圈分享教师讲解内容进行复习和深度学习，提出建议并且与教师互动。

（2）写作素材

教师在微信群和朋友圈分享与课堂同步的主题素材，帮助学生增进对相关知识的了解。教师也可以鼓励学生主动搜索素材并分享素材，丰富写作素材资源，加深思考，提高写作能力。

（3）相关资源

英语写作涉及理论、实践、应用等多方面的知识，要求学生全面建构知识并进行综合应用。这门课程要求学生掌握多种技能，包括词汇、语法和阅读等。因此，在学生学习英语写作过程中，需要采用多种方法来提高他们接触英语语言的机会。教师应该为学生提供相关的参考资料。借助微信平台，可以向学生推荐优质的公众号，如“英语笔记”“双语学堂”“英语学习指南”等。学生有自主权选择自己

① 张可心 . 基于微信的大学英语写作教学研究 [D]. 哈尔滨：哈尔滨理工大学，2017.

需要关注和学习的内容，以适应其个人需求和情况。

（4）写作练习和测试

检验学生的学习情况是必需的，其方式包括练习和测试。传统的教学方式是定期或不定期地对学生进行测试，而在朋友圈分享与课堂教学相关的测验和练习，并附上详细的解释，也是一种行之有效的方式。

（5）优秀作品

教师可以总结不同类型和主题的写作技巧，然后与学生分享相关的优秀作品以供借鉴。此外，教师还可以鼓励学生学习英语写作，通过在微信群或朋友圈展示他们的优秀作品来激励他们。在英语写作课程中，借助微信平台创建一个互动交流平台，可以促进教师和学生之间的个人交流和群体互动。

这个平台包括微信好友、微信群、微信小组和朋友圈。在该教育平台上，学生和教师可以互相交流信息，激发学生的主动性，从而实现了翻转课堂教学模式在英语写作领域的应用。

（三）基于微信的写作教学的实施步骤

翻转课堂教学模式将课前准备、课堂学习和课后复习三个教学环节有机地结合在一起，要求学生积极主动地参与学习，强调学生的主体地位和重要性。在整个学习过程中，教师要营造一种轻松愉悦的课堂氛围，让学生成为积极的参与者，并乐于表达自己的看法。

1．课前准备

教师为了完成自己的写作教学计划，需提前三天在微信群里公布教学主题，并要求学生查阅相关资料。学生需参考微信平台提供的写作主题和素材进行阅读和整理。学生可以利用微信小组进行互相沟通，交流、分享学习资料以及讨论问题。教师也可以在写作教学进行前预先规划内容并拟写笔记提纲，这要求教师具备在多个小组中跟进学习进展的能力，并且能够监测学生的学习情况。[①]

如果时间允许，学生可以先写出草稿，然后在小组讨论群里相互审核并提供有建设性的建议。这个过程可以帮助学生纠正他们的语法和词汇错误，分析作文的结构，并且提高他们的写作能力。在写作过程中，学生可以将遇到的困难记录下来，并向教师提交。为了解决这些问题，教师会有目的地概括并在课堂上进行讲解。

① 王琳．基于微时代的大学英语写作教学初探[J]．新校园，2016（10）：63．

2. 课堂学习

教师在进行课堂教学时，需要按照教学计划对写作的理论知识、技巧和方法进行深入的阐述；还要进行解答和实践训练，以解决学生在微信群中遇到的实际问题。教师可以利用学生的初始作品作为示范，评价其优缺点，并让学生通过实践获得写作的基本理论和技巧，让学生意识到在课堂上尝试利用微信平台进行英语写作学习的价值与重要性。这将激发他们主动参与的热情，进而更加努力地完成下一个学习任务。

3. 课后复习

学生和教师在课堂结束后立即汇总讨论新问题和观点，以便加深理解和进一步探讨。教师应该在朋友圈分享总结内容，帮助学生回顾和巩固所学。学生可以根据教师的授课内容进行润色，或按照教师布置的任务进行改编，再将作业发布到朋友圈，以便教师检查并提供反馈和修改建议。教师可以选取一些优秀作品进行展示，以此鼓舞学生的写作热情，并充实写作素材。

（四）微信平台与写作教学相结合的应用效果

1. 提高学生学习兴趣

将微信平台与写作教学结合，能够迅速便捷地进行教学活动。学生可以根据自己的实际情况展开学习，不受时间和地点的限制。通过微信平台实施翻转课堂，能够增强学生学习的主动性。教师可以根据学生的学习水平进行分组，实现因材施教。学生依据自己的实际情况对不同难度的英文资料进行学习和整理，并通过微信平台互相交流学习，分享经验。

2. 教学反馈效率的提高

利用微信平台教授英语写作，教师可以深入了解学生的学习情况和变化，及时获得学生的学习反馈，据此进行有针对性的教学。教师还可以参考学生的学习反馈及时调整教学策略，补充更贴合学生实际的教学资料，有效地应对教学中出现的情况。

“微”时代，互联网发展迅速，学习资料获取更为便捷。将翻转课堂与微信平台结合能够促进师生间的有效互动，创造良好的学习环境和氛围。这种教学方式调动了学生的英语写作兴趣和主动性，也使教师自身的教学水平有所提升，实现了真正意义上的教学相长。然而，微信平台实施英语教学也有一些限制条件。比如，每次教学活动时间的限制可能会影响教学质量。因此，怎样利用平台的优势拓展英语教学改革和发展的思路需要每个教学者进行思考。

四、微时代高校英语思政教学

（一）微时代高校英语教学的“微思政”

高校英语课程是高等教学中普遍的人文教育通识课程之一，既具有工具性，也具有人文性。它不仅包含听、说、读、写等基本知识技能，为学生的学习和对外交流奠定基础，同时也是传播重要思想文化的有效途径。在高校英语教学中，将英语课程与社会主义核心价值观联系起来，潜移默化地将思政教育穿插在课程之中，拓展学生的国际视野，塑造学生的人文情怀，这是大学英语课程的隐性目标。这种隐性目标形态就是“微思政”。

教师们已经达成共识，要将“微思政”理念有意识地融入英语课程中。

随着智能手机和 24 小时在线的无线网络的发展，以及各种微平台、微媒体和微应用程序的出现，加上丰富多样的在线信息，必然能促进英语学习。当下是经济全球化发展的时代，大学生在学习英语的过程中要高度关注全球动态，即时获取新语言及衍生信息。与此同时，微时代的发展直接推动了学生主动获取信息、培养语言学习意识、即时体会不同文化和进行文化对比的行动。来源真实的微视频和微音频、简洁有效的微课、微信平台上的师生互动交流所产生的“育人”效果势必超越传统课堂的教学效果。

因此，高校英语课程发展学生的思辨能力、提高学生的政治素养、培养具有国际视野和人文情怀大学生的目标需要依靠微时代的各种媒介来实现。

（二）高校英语“微思政”课程构建策略

高校英语“微思政”课程的构建过程应始于知识传授、经由能力培养，最终实现价值的塑造。高校英语“微思政”课程构建，可以从以下几个方面入手。

1．“微思政”素材语料库的搭建

在语料库的搭建过程中，学生会逐步积累适用于微学习的思政素材。这些思政素材或是某个单词的起源，或是某个单词对应的例句，或是一组图片，或是一幅图背后的故事，或是来自某本教材的某段文字，或是取自微博的某段博文，或是取材于网络版权公开的视听材料或者教师自己录制的微课，等等。教师可以选择、加工并上传适合的素材，以便学生通过微媒介展开自主学习和小组讨论，引导学生思考语言现象背后的文化、社会、历史问题，为学生思辨地分析思政材料提供便利，使学生能够潜移默化地接受隐性的思政内容。

2.“微”课堂环节设计

在“微思政”教育活动的设计中，相比于语言本身，教师应更为重视对学生进行思维方法和政治素养的引导。教学设计应易于学生接受、适用于课堂上各种水平的学生，在活动中融入思政元素，于具体细节上体现思政理念。例如，以某个主题为核心，让学生搜集相关句子，大声朗读、分析并翻译，录制成小视频或音频，将其分享于班级的微学习平台上。不同水平的学生都可以在其中获得参与感，感受更为直观，在潜移默化中加强学生的思政教育。

3.“微交流”平台打造

高校英语“微思政”课程可以以微媒体作为交流平台，拓展课程内容，建构交流互动的环境。教师可以定期将微视频、微短片等内容上传到班级群中，鼓励学生进行讨论，最后进行总结评价，加强对学生的思想引导。

另外，在“微交流”平台上，还可打破时间限制，利用慕课和微课等多样化的教学媒介，使学生的线上学习方式更为多元，使语言学习素材的思政内容更为丰富，使思政教育可以更好地融入高校英语课程，实现知识传授、能力培养和价值塑造的综合目标。

参 考 文 献

[1] 高雅平 . 实用英语教学 [M]. 北京：中国纺织出版社，2018.

[2] 徐晶，何力，童美茹 . 英语教学与文化视角 [M]. 北京：光明日报出版社，2016.

[3] 李解人 . 大学英语教学模式探究 [M]. 北京：新华出版社，2020.

[4] 武琳 . 大学英语教学模式与课程建设研究 [M]. 长春：吉林大学出版社，2016.

[5] 郑玉琪，高健，侯旭 . 英语教学理论范式嬗变与重构 [M]. 南京：东南大学出版社，2017.

[6] 李箭 . 英语教学技能设计指导与训练 [M]. 南京：南京大学出版社，2012.

[7] 程瑾瑜 . 大学英语教学政策在体育院校的执行与反思 [M]. 武汉：武汉大学出版社，2016.

[8] 钟晓红，马菡 . 新世纪大学英语教学探索 [M]. 成都：四川大学出版社，2015.

[9] 张鑫 . 英语教学的理论与实践 [M]. 北京：知识产权出版社，2012.

[10] 郝兴跃 . 英语教育与教学研究 [M]. 上海：上海外语教育出版社，2012.

[11] 徐海江 . 互联网时代机遇与挑战并存条件下的高职大学英语教学：评《“互联网 +”背景下高校英语教学创新研究》[J]. 中国科技论文，2023，18（5）：585.

[12] 许恩萍 . 以学生发展为本 创新英语课程思政教学 [J]. 校园英语，2023（19）：114−116.

[13] 柳福玲 . 新媒体视域下高校英语教学创新改革分析 [J]. 海外英语，2023（8）：105−107.

[14] 谢芳 . “互联网 +”背景下大学英语教学的发展、困境与对策 [J]. 科教导刊，2023（12）：64−66.

[15] 盛楠．以就业为导向的高校英语教学创新策略研究 [J]. 校园英语，2023(14)：37−39.
[16] 任志芬，邓新侦．地方高校英语师范专业教师教学能力发展研究 [J]. 外国语文，2023，39（2）：169−177.
[17] 许晗．新媒体时代大学英语教学的转向与突破：评《新媒体在英语教学中的有效应用研究》[J]. 中国科技论文，2023，18（3）：354.
[18] 彭洵．我国大学英语教学现状及模式创新：评《大学英语教学的发展：思考与创新》[J]. 中国教育学刊，2023（3）：155.
[19] 杨桦．基于网络环境下的高校英语教学资源融合与创新发展 [J]. 信息系统工程，2023（1）：155−157.
[20] 李琰艳．互联网背景下高校英语教学改革创新研究 [J]. 湖北开放职业学院学报，2022，35（22）：183−185.
[21] 邓晓媛．高校外语教学大赛中综合英语课堂的多模态话语分析 [D]. 太原：中北大学，2022.
[22] 林丹阳．高校英语教学竞赛中优秀教师身体模态使用的研究 [D]. 广州：广东外语外贸大学，2021.
[23] 郭晓梅．中国高校英语教师教育者学科教学知识发展研究 [D]. 上海：上海外国语大学，2019.
[24] 宋红波．高校英语课堂中的对话教学研究 [D]. 武汉：华中师范大学，2018.
[25] 胡玲．高校英语专业课教学中马克思主义价值观引导研究 [D]. 徐州：中国矿业大学，2018.
[26] 汤志明．高校英语教师教学学术影响因素研究 [D]. 福州：福建农林大学，2013.
[27] 谈谷雨．高校英语公众演讲教学状况研究 [D]. 青岛：青岛大学，2009.
[28] 刘三灵．网络时代高校英语教师素质研究 [D]. 长沙：湖南农业大学，2008.
[29] 易雪．高校英语教师教学技能发展研究 [D]. 重庆：四川外国语大学，2017.
[30] 史平．中国高校英语教师发展中的学科教学知识研究 [D]. 曲阜：曲阜师范大学，2007.